成功の教科書

熱血！原田塾のすべて

原田隆史

小学館

学《がく》というものは進まざれば必ず退く。
ゆえに日に進み、月に漸《すす》み、
遂に死すとも悔《く》ゆることなくして、はじめて学というべし。

吉田松陰　『講孟余話』

―目次―成功の教科書―熱血！　原田塾のすべて―

■プロローグ…7

■第1章：成功のための目標設定…25

■第2章：成功のための準備と実践…81

■第3章：成功のための心づくり…133

See 考察と手入れで心を整理する

Share コンピテンシーを広め、認められる

■コラム

プロローグ

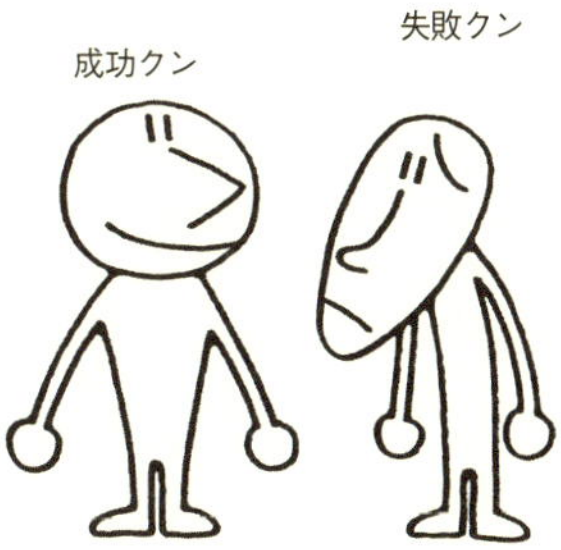

―――成功は「技術」である！

「成功」を軸に考えてみたとき、人間は2種類に分けられます。いつも成功する人と、いつも失敗する人です。

中学教師として、陸上競技部の監督として、大学や企業研修の指導者として、また私が主宰している教師塾、企業人塾の塾頭として、私が過去20年間にわたり3万人以上の人たちを指導してきた結果からも明らかです。いつも同じ成功をする人が5パーセント、いつも同じ失敗をする人が95パーセント。工夫をしないと、ほとんどの人がいつも失敗する人に含まれてしまうことが分かりました。

その結果、5パーセントのいつも成功する人は、「天才」や「カリスマ」、「奇跡」などと呼ばれます。そして、いつも失敗する人は、「天才」や「奇跡」と呼ばれる人に対して、「あの人は才能があるから」、「素質が違うよ」、「運がいいんじゃない」などと、あきらめと羨望《せんぼう》のまなざしを送ります。

ほんとうにそうでしょうか？　成功は、才能や素質、運や偶然で決まるものなのでしょうか？

私は大阪市立松虫中学校の陸上部監督として、7年間で13回の日本一を育てるという成功をおさめ、「カリスマ教師」、「松虫中の奇跡」と呼ばれたことがあります。

おかしいですよね？　成功が才能や素質で決まるものだとしたら、スポーツ推薦制度のない公立中学校から次々に日本一が出るわけがありません。しかも生徒たちが〝予告優勝〟するわけですから、運や偶然の結果でもありません。

答えは簡単です。成功は「技術」なのです。

「技術」は誰にでも身につけることが可能です。また身につけてしまえば、何度でも反復できるものです。まわりから見たら「奇跡」にしか見えなかった日本一大量生産も、この「技術」を身につけていた私や生徒にとっては当たり前の結果だったのです。

そのとき私が行ったのは、成功を技術化して、生徒一人ひとりに実践させることで、生徒を確実に成功へ届かせる（リーチさせる）教育手法でした。私は、この独自の指導理論を「リーチング」と呼んでいます。

残念ながらいつも失敗する95パーセントの人は、この「技術」の存在すら知りません。だから一生懸命頑張ってみても、いつも失敗ばかり繰り返してしまうのです。成功にリーチしようと思ったら、まず、成功は才能や素質、運や偶然で決まるものではなく、成功にリーチする「技術」があるということを覚えておいてください。「成功の技術」を身につければ、あなたも必ず成功にリーチできます。

「成功の技術」は真似ることができる

もちろん私もはじめから「成功の技術」を知っていたわけではありません。松虫中に赴任してまもなく、私は「陸上部を日本一にできなかったら、学校をやめる」と宣言しました。しかし1年目も2年目も、いいところまではいくのですが、なかなか日本一を育てることはできませんでした。

そのとき気づいたのが、一流の指導者・強い選手を「真似る」という方法でした。

現状を打破する方法には3つあります。1つ目が「たくさんやる」。2つ目が「工夫する」。3つ目が「真似る」ことです。しかし、勉強との両立をしなければならない中学校の陸上部では、「たくさんやる」には限界があります。また、「工夫する」ことは、生徒の工夫できる能力の違いによって結果が左右されてしまいます。どちらも成功にリーチする確率が低いわけです。

しかし、「真似る」ことは簡単です。

そう考えた私は、勝ちたい、勝たせたいという思いから、徹底的にオリンピックの金メダリストを分析しました。また、強いスポーツ選手に加えて、世界中の偉人、成功者と呼ばれる人たちの人生も徹底的に研究しました。つまり古今東西の「成功のプロフェッショナル」に学んだわけです。

マンガからも学びました。ある日、保育所に子どもを迎えに行ったとき、時間があったので書棚にあったナイチンゲールの伝記マンガを読んでみたのです。目からウロコでしたね。10分ぐらいで簡単に読めるものですが、それだけにポイントが絞られていて分かりやすい。さっそく、書店へ行って全集を買い、一気に読破しました。

オリンピックの金メダリスト、偉人、成功者を分析していくと、活躍しているジャンルを問わず、いつも成功する、何をやっても成功する「成功のプロ」に共通するものが見えてきました。それは「強い勝利意識と高い目標設定」でした。そして強い選手ほど、「心・技・体」の中でも「心」を重視してきたことも分かってきたのです。

これらの共通項目を「成功の技術」ととらえた私は、「心づくり」と「目標設定」を軸にした指導を行いました。そして「長期目標設定用紙」（付録Ⅰ）と「ルーティンチェック表」（付録Ⅱ）、「日誌」を考案し、誰もが「成功の技術」を身につけられる仕組みをつくり上げたのです。「長期目標設定用紙」は目標設定の技術を高め、未来に対して準備をするための用紙です。日々の行動を管理する「ルーティンチェック表」や、毎日の生活を確認して反省・改善するための「日誌」と組み合わせることによって、生徒たちの活動への「気づき」と「質」が高まった結果が、陸上日本一13回という成功に結びついたのです。

本書を手に取ったあなたには、挑戦したい夢や目標があるはずです。そして、その夢や目標を達成し、成功したいと思っているはずです。あなたは、「これから挑戦しようと思うけど、やり方がよく分からない」という人かもしれません。あるいは、「何度か挑戦してみたものの、どうもうまくいかない」と悩んでいる人かもしれません。

でも安心してください。成功は「技術」なのです。本書を通して成功にリーチする「技術」を身につけることで、あなたは95パーセントのいつも失敗する人から、5パーセントのいつも成功する人に変わっていけます。

本書は、「成功のプロ」を真似ることで、あなた自身が「成功のプロ」に主体変容（自ら変化）するための教科書なのです。

成功の定義

本書のタイトルは『成功の教科書』です。ここまで成功という言葉を何気なく使ってきましたが、一体、何を指して成功と呼ぶのでしょうか。具体的な「技術」を身につける前に、もう一度、成功について考えてみましょう。

あなたにとって成功とは、どんな意味を持つ言葉ですか？　「大金持ちになる」、「尊敬される人間になる」、「会社の社長になる」、「金と地位を手に入れる」……。成功のイメージは人それぞれです。100人いれば100個の成功イメージがあるはずです。しかし、これらは単なる成功像であって、これだけでは成功とは言えません。

私が主宰する原田塾では、「成功」を次のように定義しています。

「成功とは、自分にとって価値のあるものを未来に向かって目標として設定し、決められた期限までに達成すること」

いかがでしょう。あなたの成功という概念と比べてみてどう感じましたか? あなたが手に入れたいと願っているものは、「自分にとって価値あるもの」ですか? 他人と競争して勝つためだけに、成功を望んでいませんか?

この成功の定義を読んで、あなたはいくつか疑問を浮かべたに違いありません。なぜ「夢」ではなく、「目標」なのだろう? ただ達成するだけではなく、どうして「決められた期限までに達成」しなければならないのだろう?

なぜなら、原田塾が目指しているのは、いつも失敗する95パーセントの側から、5パーセントのいつも成功する「成功のプロ」に主体変容(自ら変化)することだからです。

自分にとって価値のあるものを目標として設定し、決められた期限までに〝いつも〟実現できる「成功のプロ」――、原田塾が考える「成功のプロ」とは、次のような人物です。

成功とは？
自分にとって
価値のあるもの
を
未来に向かって
目標として設定
し、
決められた
期限までに
達成する
こと

「成功のプロとは、自ら夢を描き、それを目標に変え、方法を考えて、自分でやれる人間。そして失敗しても人のせいにせず、自分で責任をとれる人間のこと。このような人間を自立型人間と呼ぶ」

こうして定義することで、はじめて成功を「技術」としてとらえることができます。目標設定の技術、方法を考える技術、自分でやり切る技術……、本書を通して、成功にリーチする「技術」を身につけることで、みなさんはいつも成功する「成功のプロ」＝自立型人間に変わっていくことができるのです。

成功のための第1原則
「成功する」と決める

２００４年のアテネオリンピックで、日本人選手が大活躍をしたことは記憶に新しいと思います。女子柔道の谷亮子選手もその一人です。彼女は見事に金メダルを獲得し、オリンピック２連覇を達成しました。

ここで思い出して欲しいのが、「成功のプロ」に共通する「強い勝利意識と高い目標設定」です。谷亮子選手は、オリンピック前から「金メダルしかない」と語っていました。この言葉は、絶対、金メダルをとるという決意の表れですが、「成功の技術」という観点から見ると、次のように言い換えることができます。谷選手は「オリンピックで2連覇する」と決めていたのです。

成功にリーチするためには「決める」ことが絶対に必要です。成功にリーチするには、まず「成功したい」ではなく、「成功する」と決めなければならないのです。

もし彼女が「金メダルをとる」と決めていなければ、永遠に金メダルを手にすることはできませんでした。成功は偶然には起こらないし、決して得られないものなのです。

私もそのことに気がつくのに10年かかりました。

私は、松虫中に赴任する前に2つの学校で陸上部の指導をしました。それらの学校では、大阪一を育てることはできましたが、ついに日本一は生まれませんでした。松虫中にきても、最初の2年間は日本一を育てることができなかったことは前にも述べました。

当時は一生懸命頑張って技術を磨けば、いつか日本一という成功にリーチできると思っていたのです。

しかし、オリンピックの金メダリストを分析するうちに、大きな間違いだったことに気がついたのです。「一生懸命頑張る」は当たり前のことなのです。彼らが他の選手と違う結果を出せたのは、技術の向上を図ることはもとより、全員が「金メダルをとる」と決めていたからだったのです。

それからは、生徒たちにまず「日本一になる」と決めさせ、そのために必要なことを考え、とにかくやり切る、やらせ切るという指導をしました。その結果、3年目からは日本一の選手が次々に生まれるようになりました。〝予告優勝〟が可能になったのも、生徒自身が「優勝する」と決めて、そのために必要なことをやり切ったからなのです。

原田塾ではこれを「輪投げ理論」と名づけています。輪投げで景品をとるためには、輪投げの腕以前に、店側に文句を言われようが、身体を前に伸ばして何としても景品をとってやろうという強い思いが先なのです。

だから、成功にリーチしたいのなら、スポーツでもビジネスでも、人生のどんなジャンルにおいても、とにかく「成功する」と決めること、強い思いが大切です。具体的な「成功の技術」を学ぶ前に、まずこのことを覚えておいてください。

成功のための第2原則

大きな成功は、小さな成功の積み重ね

成功にリーチするには「成功する」と決めることが大切だと言いました。しかし、決めただけで即成功というわけにはいきません。

当たり前ですね。

決めるだけでいいなら、誰もがもっと簡単に成功にリーチできるはずです。「俺は首相になる」、「私はハリウッド女優になる」、「僕はF1レーサーになる」……、世界は「成功者」ばかりになってしまいます。でも現実には、何度も言うように、世の中の95パーセントの人はいつも失敗する側に立ったままです。

なぜでしょうか?

オリンピックの金メダリスト、偉人、成功者を分析した結果、成功にリーチするには「成功する」と決めるという原則の他に、もう1つ重要な原則があることに気づきました。

それは、夢のような成功は偶然には起こらないということ。つまり、小さな成功の積

み重ねの先にしか、大きな成功はあり得ないということです。原田塾では、これを「スモールステップの原則」と呼んでいます。

「天才」と呼ばれる人も、いきなり成功にリーチしたわけではありません。イチローやタイガー・ウッズに、素振りをしない日があると思いますか？　ビジネスの成功者と言われる人の中に、宝くじを当てるような偶然で巨万の富を築いた人がいるでしょうか？　日々の積み重ねがなければ、今のイチローやタイガー・ウッズ、ビル・ゲイツはいなかったはずです。

当たり前の話だと思いますか？

確かに、ウサギとカメの寓話を持ち出すまでもなく、古今東西でコツコツやることの大切さは言われ続けてきました。

しかし5パーセントの「天才」が、その他95パーセントと違うのは、まず「尊敬される大リーガーになる」、「ゴルフ界の頂点を極める」と決めていたことです。そして、そのために必要なことを「スモールステップの原則」で子どものころからコツコツとやり続けてきたことなのです。

そして「スモールステップの原則」は、「成功のプロ」になるために欠かせないものでもあります。何度も繰り返しますが、成功は「技術」です。そして技術というものは何度も何度も反復連打することによって、はじめて自分のものとして定着させることができるのです。

小さな成功を積み重ねることで、「成功の技術」がだんだんと身についてくると、人生が楽しくなってきます。成功は、充実感、達成感、満足感を生みます。そして成功を経験することで自己実現の喜びを知り、自己肯定感（セルフエスティーム）が高まってくると、自分の未来に希望が持てるようになっていくのです。

私が松虫中に赴任したとき、多くの生徒たちは明確な夢や目標を持っていませんでした。また、過去の成功体験が少なく、自信を持てていませんでした。

しかし「成功の技術」を身につけさせ、何度も小さな成功にリーチさせ続けていくうちに、いつしか私たちの合い言葉が生まれました。

「一寸先は何や？」

「光です！」

「思いは？」

「かなう！」

「よっしゃ！」

そして、一公立中学校の陸上部が、才能や素質でもなく、運や偶然でもなく、日本一13回という大きな成功をおさめたのです。

みなさんも自分の可能性を信じて、成功への階段の第1段目に足をかけてみてください。

人生は成功するためにあるのです。

☑この章のまとめ

□ 成功は「技術」である。そして、その技術は「真似る」ことができる。

□ 成功とは、自分にとって価値のあるものを未来に向かって目標として設定し、決められた期限までに達成すること。

□ 「成功のプロ」とは、自ら夢を描き、それを目標に変え、方法を考えて、自分でやれる人間。そして失敗しても人のせいにせず、自分で責任をとれる人間のこと。このような人間を自立型人間と呼ぶ。

□ 成功のための第1原則は、「成功する」と決めること。

□ 成功のための第2原則は、大きな成功は小さな成功の積み重ね（スモールステップの原則）ということ。

□ 人生は成功するためにある！

コラム①

目標は他人と比べない

「実績主義」の考え方が広まるにつれて、目標設定を人事考課に取り入れる企業が増えていますが、思うように効果が上がっていない企業も多いようです。その理由は、目標が競争のための〝ものさし〟やノルマになってしまっているからです。

人から強制される〝目標〟は、真の目標とは言えません。目標は他人と比べるものではないのです。目標設定を行うときには、「自分にとってほんとうに価値のある目標」でなければなりません。他人との競争心から、実力以上に高い目標を設定するなどということがないようにしてください。たとえ他人から笑われたとしても、自分にとって価値のある目標を、恥ずかしがらずに堂々と設定しましょう。

ほんとうに価値のある目標かどうかは、そこに込められた思いや志、理念、信念と照らし合わせて判断します。大きな夢を描いた人には必ず、思いや志、理念、信念があるはずです。それなくして夢はあり得ず、それこそが「夢の源泉」になるからです。

思いや志、理念、信念は、目標と同様に他人と比べるものではありません。しかし他人や社会から共感され、受け入れられるものであることが重要です。共感されない夢は、ただの身勝手、わがまま、自己中心的考えにすぎないからです。

第1章

成功のための目標設定

「成功の技術」を支えるのは「心」

プロローグでも述べましたが、成功は「技術」です。

これが大事なポイントです。成功は、才能や素質、運や偶然によって決まるものではありません。世の中の5パーセント、いつも成功する人は、この「成功の技術」を身につけた人たち。つまり「成功のプロ」だったのです。

本書は、その「成功の技術」を身につけるための教科書です。さっそく技術習得に入りましょう、と言いたいところですが、もう一度ここで「成功の技術」、「成功のプロ」についての理解を深めておきたいと思います。

思い出してください。「成功のプロ」に共通する要素は何だったでしょうか。「強い勝利意識と高い目標設定」、強い選手ほど「心・技・体」の「心」を大事にしていたことだったはずです。

目標設定の技術を学ぶ前に、少しこの「心」について考えてみましょう。

「成功の技術」は、誰でも身につけることができる技術です。

しかし、伏せたままのコップに水が注げないように、どんなに良い技術だとしても、心が上に向いていない人には注ぎ込めません。これを原田塾では「心のコップ論」と呼んでいます。実は中学教師として私が一番苦心したのもこの問題でした。

多くの生徒たちには「真面目、素直、一生懸命」な態度が見られず、何を言っても「おもろない」、「邪魔くさい」とこちらの指導を受けつけませんでした。技術を教える前に、あいさつや清掃活動を励行させることによって「真面目、素直、一生懸命」な態度を磨き、「心のコップ」を上に向けてあげなければならなかったのです。

本書を読んでいるあなたは、少なくとも実現したい夢や達成したい目標を持っており、成功にリーチする方法を学ぼうと考えているはずです。その意味では「心のコップ」はもう上向き加減になっていると思います。にもかかわらず、あえて「心のコップ」の話をしたのは、その上向き加減のコップを完全に直立させ、常に上に向けておく姿勢を忘れて欲しくないからです。

また、どんなに良い技術を学んでも、それを実践しなければ、目の前に「当たりクジ」があると教えられているのに、自ら「外れクジ」を引いてしまうようなものです。私はこれを「クジ引き理論」と呼んでいます。世の中には良いと分かっているのになかなか実行に移さない人が意外と多いのです。

いつも成功する人というのは、他人の良いところに学ぼう、間違っていることがあったら謙虚に直そう、あきらめないで自分のベストを尽くそうという「真面目、素直、一生懸命」な心を持った人、つまり澄み切った「心のコップ」がビシッと立った人なのです。

―「心のつぼ」に元気を満たす

「心のコップ論」に触れたところで、もう1つ原田塾の「心」に関するキーワードを紹介しておきます。

それが、元気を満たす「心のつぼ」です。

自動車が走るためには何が必要でしょうか？　エンジンや車輪、トランスミッションなど、さまざまな部品がなければなりません。しかし当たり前のことですが、どんなに素晴らしい技術を集めた自動車でもガソリンがなければ動きません。

自分の夢や目標に向かって走り出そうと思っている人間にも、自動車のガソリンにあたるものが必要です。それは、やる気の源泉になる元気です。

「心のつぼ」は、成功に向かって行動するための燃料タンクなのです。

心を重視する「成功のプロ」はみんな、自分で「心のつぼ」に元気を満たす技術を持っています。メンタルトレーニングには「サイキングアップ」という自ら元気を出す手法もあります。シドニーオリンピックの女子マラソンで金メダルに輝いた高橋尚子選手が、出走前にヘッドフォンステレオで音楽を聴きながら踊っていた姿を覚えている人も多いと思います。あのとき彼女は、お気に入りのｈｉｔｏｍｉの曲を聴くことで、リラックスするとともに、「心のつぼ」に元気を急速充電していたのです。

また高橋尚子選手の活躍の背景に、小出義雄監督の存在があったことも忘れてはなりません。小出監督はいつも「Ｑちゃんはすごいよ」、「絶対、金メダルとれるよ」と声をかけて、「心のつぼ」に元気を注ぎ込んでいました。「成功のプロ」には、小出監督のように元気を注いで、強烈に導いてくれる人物「メンター」の存在も欠かせません。

「成功の技術」を身につけても、「心のつぼ」にいつも元気を満たしておかなければ、成功の手前でガソリン切れになってしまいます。先生、家族、友人、同志、恋人など、みなさんの「心のつぼ」に元気を注いでくれる「メンター」的な存在を自覚し、大切にすることの重要さも「成功の技術」を学ぶ前に理解しておいてください。

一度身につけた「成功の技術」は何度でも反復できる

世の中には「職人芸」と呼ばれるものがあります。熟練の職人が他人には真似できないような素晴らしい仕事をなし得るのは、この「芸」を身につけているからです。しかし残念ながら、個人の経験に頼っている「職人芸」は、他人に説明しにくく、誰もが簡単に真似のできるものではありません。伝統工芸の世界が後継者不足に悩んでいる理由のひとつもそこにあります。

現状を打破するためには、３つの方法があると前にも紹介しました。「たくさんやる」、

「たくさんやる」は、やってみないと結果が分からないものです。しかし「工夫する」、「真似る」です。どれだけの経験と時間が必要なのかは個人によって差があります。たとえば一人前の職人になるために、どれだけの経験と時間が必要なのかは個人によって差があります。また「工夫する」ためには特別な能力が必要です。限られた人にしかできません。いずれも、良いときと悪いときの差が大きく、成功する確率が低い方法です。

しかし、「真似る」ことは簡単です。誰にでもできることです。スポーツで世界一になろうと思ったら世界一の選手を徹底的に真似ればいい。ビジネスで成功しようと思ったらビジネスの成功者を徹底的に真似ればいい。ただし、今までは彼らの何を真似ればいいか分かりませんでした。しかし、オリンピックの金メダリスト、偉人、成功者を分析した結果、真似るべきものが見つかりました。それが20年間3万人の私の指導経験の中で検証してきた「成功の技術」です。

そして「成功の技術」を身につけた人は、何度でも、何をやっても成功にリーチすることができます。実は「職人芸」と「成功の技術」の違いはここにあります。「成功の技術」というのは誰もが身につけることができて、正しく行えば同じ結果が出せ、さらに何度でも繰り返し可能なものです。これを「リピート容易の法則」と呼びます。

私たちはその法則を、アテネオリンピック男子柔道でオリンピック3連覇を果たした野村忠宏選手に見ることができます。本人は「今回（アテネ）が一番きつかった」と言っていましたが、私は違う見方をしています。確かに体力的な面で考えたら、年を追うごとにきつくなってくるものでしょう。

しかし、「リピート容易の法則」という視点から見たら、1回目より2回目、2回目より3回目のほうが、成功にリーチする確率は高まっています。なぜなら、勝つことを重ねることで、勝つための方法論、つまり「成功の技術」がさらにレベルアップしていたからです。

「成功のプロ」＝自立型人間に生まれ変わる

「成功したい」ではなく「成功する」と決めること。これが成功のための第1原則でした。そして「成功の技術」というのは、「成功する」と決めて思い描いた未来の自分に向かって、小さな成功の階段（スモールステップ）を一歩一歩のぼっていくための技術です。そののぼり方を知っている人を原田塾では「成功のプロ」と呼んでいます。

山をのぼるときにも、プロの登山家とアマチュア愛好家ではのぼり方が違います。どんなルートでのぼるのか、休息はいつとるのか。地図の見方やコンパスの使い方を知らないアマチュアは、道に迷って遭難してしまうことになりかねません。成功への階段も、ただやみくもにのぼって行けばいいのではありません。成功への階段をのぼるにも正しい技術が必要なのです。

では、「成功のプロ」が成功への階段をのぼり、成功にリーチする道すじはどのようなものなのでしょうか？　具体的な「成功の技術」の習得に入る前に、ここで全体像を見ておきましょう。

繰り返しますが、まずは①「成功する」と決めることです。具体的な成功像は人それぞれでしょうが、自分にとって価値のある大きな夢を描くことから成功への道ははじまります。本書を手にしたあなたは、すでに夢を持っていると思いますが、その夢が自分にとってほんとうに価値のあるものならば、できるだけ大きくふくらませておいてください。

その次に、②夢を具体的な目標に変えることです。夢を夢のままにしておいたら、成功への道のりが見えてきません。夢を具体的な目標に変えることで、はじめてどの道をどの方向へのぼって行けばいいのかが分かるのです。しかし、いつも失敗する95パーセントの人のほとんどは、ここでつまずいてしまいます。

進むべき方向、のぼるべき道が決まったら、③目標に近づくための具体的な方法を考えなければなりません。「一生懸命のぼるぞ」と決意するだけではいけません。たとえば、同じ山にのぼるにしても、山のふもとから歩いて行くのか、途中までケーブルカーで行くのか、ヘリコプターでいきなり頂上を目指すのか。方法は何通りもありますが、自分が無理なくできて、かつ最善の方法を具体的に決めることが大切です。

具体的な方法が決まったらのぼりはじめます。しかしのぼりはじめてみたら、さまざまな障害に出くわすことになるでしょう。途中で足が上がらなくなるほど疲れ、へたり込みたくなるかもしれません。山道を大きな岩がふさいでいるかもしれません。しかし夢や目標は誰のものでしょうか。成功への階段は自分の足でのぼるしかありません。④自分でのぼり切る、毎日のぼり続ける覚悟が大切です。

そして「成功のプロ」は、⑤失敗しても人のせいにはしません。失敗の原因を自分で分析し、同じ失敗を繰り返さないように明日の自分の生き方に反映させて、少しずつでいいから前進していきましょう。「成功する」と決めたからには、最後まで自分で責任をとる。成功の階段をのぼる前には、そう決めることも大事なことです。

大切なことなのでもう一度念を押しますが、「大きな夢を描き、その夢を具体的な目標に変える。そして目標に近づくための具体的な方法を考え、毎日やり続け、自分でやり切る。そして最後まで自分で責任をとる」。あなたに目指して欲しいのは、そんな「成功のプロ」＝自立型人間に生まれ変わることなのです。あなたなら必ずできます。頑張りましょう！

ポイント！

①「成功の技術」を支えるのは「心」

（ア）「真面目、素直、一生懸命」な態度＝「心のコップ」を常に上に向けて、まっすぐ立てておく。

（イ）元気を満たす燃料タンク＝「心のつぼ」をいつも一杯にしておく。

（ウ）「心のつぼ」に元気を注いでくれる「メンター」の存在を大切にする。

②「成功の技術」を身につけた人は、何度でも、何をやっても成功する

ことができる（リピート容易の法則）。

③「成功する」と決めるとは、大きな夢を描き、その夢を具体的な目標に変え、目標に近づくための具体的な方法を考え、毎日やり続け、自分でやり切ること。そして、最後まで自分で責任をとること。

④良いノウハウ・技術を知ったら、迷わず行動に移すこと（クジ引き理論）。

Dream
大きな夢を描く

セルフイメージを引き出し、高める

それでは、いよいよ成功にリーチするための第一歩を踏み出しましょう。「成功の技術」を身につけるための第1段階です。

まず、本書を手に取る前にあなたが抱いていた夢を思い返して、「私は〜になりたい」ではなく「私は〜になる」と固く決意しましょう。成功へ向けての意識転換です。

夢を実現した自分、目標を達成した自分の姿を、細かい部分までどれだけ具体的にイメージできるか。それが、あなたが成功にリーチする可能性を大きく左右します。なぜなら、自分の中にある潜在的なイメージ（セルフイメージ）を引き出して、固めておかなければ主体変容（自ら変化）して成長することはできないからです。

「思いはかなう」という有名な言葉がありますが、ただ「なるぞ、なるぞ」と念じていれば、いつか実現できるという意味ではありません。念じるべきことは、なりたい自分、夢を実現したときの姿、具体的なセルフイメージなのです。

そのイメージが具体的かつ鮮明であればあるほど、成功にリーチする確率は高まっていきます。人間は、イメージできることは必ず実現できるからです。

さらに、人間はセルフイメージを超えて成功することはできません。だからセルフイメージはできるだけ高めておかなければならないのです。実際、松虫中陸上部では、生徒のセルフイメージを作為的に高めることで、次々に日本一を誕生させてきました。

たとえば砲丸投げの選手の練習では、試合で使う重さ4キロの球ではなく3・5キロの軽い球に代えて投げさせました。

ズバーン、日本記録！

「お前日本一やで！」

これで、生徒たちのセルフイメージはグッと高まります。走り高跳びの練習では、バーを落ちないように固定して日本記録の高さを跳ばせました。また、短距離走の練習では、腰にゴムチューブを巻いて引っぱることで、普段の記録以上のスピードで走ることを体験させました。

「日本一になる」と決めることは簡単でも、セルフイメージを高めることは容易ではありません。しかし、このように「強制疑似演出」して体感させることで、より鮮明かつ具体的にセルフイメージを高めることも可能になるのです。

あなたも、この手法を駆使することができます。もし、あなたに模範となる成功モデル（たとえば、あこがれの経営者など）がいるならば、その成功者の生活にあこがれるだけで終わりにせず、たとえばその人がいつも食事をしているレストランを調べて、実際に足を運んで同じ食事をしてみるのです。１００杯の牛丼を我慢してでも、少し背伸びをして成功者と同じ味を知り、雰囲気を体験してくることで、あなたのセルフイメージは確実に高まるはずです。

「成功する」と決めるときには、夢を実現した自分、目標を達成した自分はどんな姿をしているのか、鮮明にイメージし、さらにそのイメージを可能な限り高めに高める。

それが「大きな夢を描く」ということなのです。

書いてイメージを強化する

どうですか、あなたのセルフイメージはだいぶ固まってきましたか？

自分の成功した姿をイメージすることで、ますます目標にチャレンジする意欲がわいてきたのではないでしょうか。しかし漠然と頭の中でイメージを描いているだけでは、まだまだ十分ではありません。

おかしいですね。「思いはかなう」はずではなかったでしょうか。

実は、オリンピックの金メダリスト、偉人、成功者がやっていたのは、ただ思うことだけではありませんでした。「成功のプロ」はみんな、思い描いていたことを〝書いて〟いたのです。

なぜ、思っているだけでは十分ではなくて、書かなければならないのでしょうか。それは書くことにはイメージを強化する効果があるからです。

書くということについて考えてみましょう。

頭の中で考えていなければ、文字に表すことはできません。書いた文字は思考の表れなのです。そして、思考の量と文字数は正比例します。たくさん考えている人は、たくさん書けます。あまり考えてない人は少ししか書けません。つまり、イメージが具体的かつ鮮明になっているかどうかは、文章にしてみれば一目瞭然《いちもくりょうぜん》で分かるのです。

そして、何度も書くことによって、セルフイメージはどんどん高められ、強化されていくのです。イメージを文章化した後で読み返してみると、あれが足りない、これが足りないということに必ず気づきます。そこでもう一度考えて書く。さらに考えて書く。これを繰り返すたびに、イメージは前よりも具体的かつ鮮明になり、潜在意識の中にたたき込まれていくようになります。

「よく考えることで文字数が増える。すると、足りないものに気づく力が高まる。そこでものごとに気づく力が高まれば、行動の質が高まっていく」。原田塾ではこのサイクルを「意識の高まり」と呼び、書くことを重視した指導を行っています。「成功の技術」を作動させるための長期目標設定用紙や日誌も、書くことの大切さに気づいた結果取り入れたものなのです。

では、書くことの大切さを理解したところで、さっそく本書最初の《書いてみよう》のワークにチャレンジしてみてください。ポイントは、できるだけ具体的かつ鮮明にイメージすることです。ワクワク、ドキドキするような成功像を描いてみましょう。

ポイント!

① 鮮明にイメージできることは必ず実現できる。
② セルフイメージを超えて成功することはない。だから、イメージはできるだけ高めておかなければならない。
③ 夢は思っているだけではかなわない。「成功のプロ」はみんな書いている。書くことで、セルフイメージを強化している。
④ 書くことは思考の表れ。たくさん考えている人はたくさん書ける。
⑤ たくさん考えている人は気づく力が高まり、行動の質が高くなり、成功に近づく。

書いてみよう 1

あなたの夢を、具体的に書いてみてください。

書いてみよう 2

夢を実現したときの自分はどんな姿か、書いてみてください。

コラム②

目標のストレッチとエベレスト理論

世界的な大企業である米国ゼネラル・エレクトリック社の元会長ジャック・ウェルチは、従業員の目標をどんどん高めていく＝目標のストレッチによって、業績アップに成功しました。会社にとって必要な売上額を目標とするのではなく、それよりも厳しく高い目標を設定し挑戦させることで、必要な売上額を超える成果を上げさせたのです。

目標を「ストレッチ」する手法の有効性は、原田塾の「エベレスト理論」からも説明されます。エベレストにのぼると決め、準備をしている人にとって、富士山にのぼることは簡単ですが、富士山を最終目標にしている人がエベレストにのぼれることは決してありません。

アテネオリンピックの女子柔道48kg級で、谷亮子選手が2連覇を達成しましたが、全日本48kg級の上位選手の中には、オリンピックで金メダルをとる実力の選手もいたのです。実際、谷選手が欠場した年の世界柔道では、別の選手が金メダルをとっています。しかし残念なことに、「オリンピックで金メダルをとる」と決めている谷選手に、「全日本で谷選手に勝ちたい」と思っているだけの選手は、永遠に勝つことはできないのです。

Goal
夢を具体的な目標に変える
目標に変えること＝目標設定

《書いてみよう1》、《書いてみよう2》であなたの夢は確認できましたか。本書を開く前に思い描いていた夢より、さらに具体的になってきたのではないでしょうか。また書くとの大切さも実感できてきたと思います。夢にチャレンジする、ワクワク感、ドキドキ感も高まってきたはずです。

あとは夢に向かって一直線に走り出すのみ！　といきたいところですが、ちょっと待ってください。「成功のプロ」ならば、次にやるべきことがあったはずです。

そう、夢を具体的な目標に変えること＝目標設定です。

前にも述べたように、世の中の95パーセント、いつも失敗する人の多くはここでつまずいてしまいます。いくらイメージが高まったと言っても、夢のままの段階ではまだ宙に浮いたままの漠然とした状態です。いつも失敗する人は、きちんとした目標設定をしないまま走り出してしまうから、途中で道に迷って遭難してしまうのです。

成功にリーチするには、夢を具体的な目標に変え、目標設定しなければなりません。そうしなければ、思いは行動に移せないからです。

たとえば「ニューヨークに行きたい」と思っているだけでは、いつまでたってもニューヨークに行くことはできません。「ニューヨークに絶対行く」と決め、さらに「誰と」、「いつ」、「どういう手段で」と具体的に決めることで、はじめてニューヨーク旅行は現実化するものです。

成功にリーチするのも同じことです。目標設定することによって、はじめて成功に近づくことができるのです。

――人間は真にイメージしたことしか実現できない

しかし大きな夢を前にすると、多くの人は夢と目標の違いが分からなくなってしまいます。その違いに気づかなければ、いつまでたっても、いつも失敗する人のままで先には進

目標設定は、旅行の計画と似ている。思っているだけでは、いつになっても実現しない。
具体化して行動に移してはじめて、目標は現実のものになる。

めません。目標設定の技術を学ぶ前に、夢と目標の違いを確認しておきましょう。

夢と目標の最大の違いは、現実的であるかどうかということです。目標は現実的なものでなければなりません。「ニューヨーク旅行に行く」はいいけれど、「月旅行に行く」は目標にならないということです。「月旅行に行く」という夢を抱くことは構いません。近い将来、そんな時代がくることを想像したらワクワクしてきます。夢として考えたら、むしろ「ニューヨーク旅行」より素晴らしいものです。しかし、現時点での目標と考えたら非現実的すぎます。

夢の段階では画に描いた餅でもいいのですが、目標は食べられる餅でなければならないのです。

また私の20年間3万人の指導経験では、「頑張る」、「一生懸命やる」、「死ぬ気でやる」ということを目標にする人がいます。実は私も、教師をはじめたころはそうでした。しかし、「頑張る」、「一生懸命やる」は心の状態や感情面の話です。達成できたかどうか確かめる術《すべ》がないものは、目標にはなり得ないことも覚えておいてください。

さらに目標設定の初心者が、はじめからあまりにも遠い未来のことを目標に立ててしまうと、一見、具体的なようであっても、実は目標になっていないことがあるのです。

たとえば、30歳の独身男性が次のような目標を立てたとします。

「定年後に夫婦で豪華客船に乗って世界一周旅行をする」

一見、具体的な目標のように感じます。しかし、ほんとうに30年先の生活が彼にイメージできているのでしょうか。彼はいつごろ、どんな女性と結婚するつもりなのでしょうか。仮に結婚したとして、2人はどんな家庭を築いているのでしょうか。そして定年を迎えたとき、会社ではどんなポジションにいるのでしょうか。

30年先に具体的な目標を設定するには、まだまだ埋めるべきことがたくさんあります。彼のイメージの中には、現在と30年先の間にポッカリと真空地帯が広がっているはずです。前にも言いましたが、人間は自分でイメージできることしか実現できません。

だから目標設定の初心者にとって、あまりにも遠い未来のことは目標となり得ず、夢と変わらないままなのです。

ポイント!

① 夢と目標は違う。夢を具体的な目標に変えなければ行動に移せない。
② 夢は画に描いた餅でもいいが、目標は食べられる餅でなければならない。

直近の目標設定で成功体験を味わう

夢と目標の違い、目標設定の意味は理解できましたか？

これから本格的に学んでいく目標設定の技術は、原田塾独自の指導理論「リーチング」の根幹《こんかん》をなすものです。人を確実に成功に届ける（リーチさせる）ことから名づけたこの手法の核心は、目標設定させて、そのために必要なことを毎日繰り返しやらせ切る指導にあります。目標設定は成功にリーチするために不可欠な要素です。ですから、夢と目標の違い、目標設定の意味については、しっかり覚えておいてください。

またここから先は、《書いてみよう》のワークもだんだん増えていきます。書くことの大切さを思い出しながら、ぜひ真剣に取り組んでいってください。

さて、いよいよ目標設定の技術について説明していきます。

最初のポイントは、はじめての目標設定は直近のものから行うということです。プロローグでも述べましたが、「技術」は何度も何度も反復連打することによって、はじめて自分のものとして定着するものです。できるだけ近い未来の目標を設定し、それを期限までに達成することを繰り返していくことが、目標設定の技術を確実に身につけるために最も良い方法なのです。

成功のための第2原則「スモールステップの原則」を思い出してみてください。大きな成功は、小さな成功の積み重ね、スモールステップを一歩一歩のぼって行くことが、結果的に大きな成功に結びつくという原則でした。

そして目の前にある、確実に達成できそうなものごとに挑戦し、小さくても確実な〝成功体験を味わう〟ことが、直近の目標設定を行う狙いです。

作為的に自分を成功させることで、あなたは成功する喜びや〝充実感〟を得ることができます。達成できた自分に対して「オーケー、俺にもできた!」と自信がわいて〝有能感〟が高まります。小さな成功を何度も繰り返すことで、運や偶然ではなく「これをやれば、できる!」と自分の未来をコントロールできているという自信が生まれてきます。その結果、成功へリーチすることが、どんどん楽しくなってくるのです。

成功の技術◆リーチ1
確実にイメージできる2週間先の目標設定からはじめる

原田塾では、2週間先の目標設定から必ずはじめます。

「成功のプロ」になれば、10年先、20年先を鮮明にイメージすることができます。しかし目標設定の初心者には、まずそんな先の姿を具体的にイメージすることはできません。人間はイメージできないことは、絶対に達成できない。そのことを思い出してください。

にもかかわらず、企業人塾などで目標設定の技術を指導するときには、最初から強烈なことを目標にしてしまう人が多いのです。

「20年後に社長になる！」バーン！

聞いた方も何かイメージがわきませんね。「20年後に社長になる」は人生の大事な夢としてとっておき、ふくらませておくことは大切です。しかしここで学ぶのは、成功にリーチするための目標設定の技術です。今までより具体的な目標、より鮮明な目標を設定し、期限までに達成できるようになるためにも、あなたもまず2週間先の目標設定からスタート

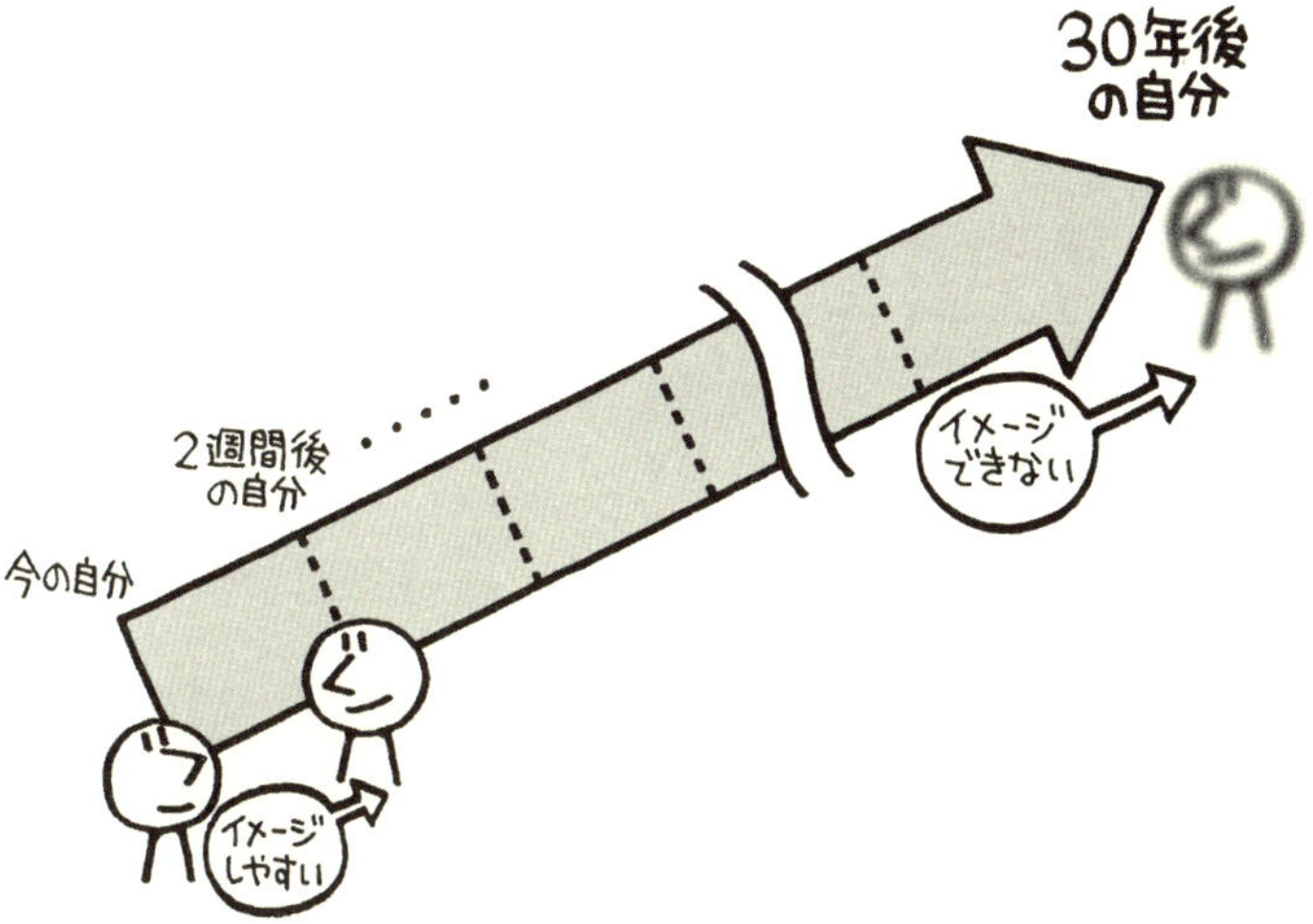

目標設定の初心者でも、2週間後の自分の姿なら誰でも容易にイメージできる。しかし、30年後の自分の姿をイメージできる人はほとんどいない。

してください。

10年先は無理でも、1か月先の目標を立てるぐらいならできそうだ、と思う人もいるかもしれません。しかし目標設定の初心者が未来の自分の姿を間違いなくイメージできるのは、せいぜい2週間先の目標までです。このことは、私の20年間3万人への指導経験からも明らかです。

あせる気持ちをおさえて、まずは2週間先の目標設定からはじめ、その目標が期限までに達成できたら、2週間先の目標設定をさらに3～4回繰り返します。次に1か月先を3～4回、そして3か月先を数回行ってみてください。

そのころには、成功にリーチする感覚がだいぶつかめるようになっています。その後、少しずつ期間を延ばしていけば、10年先、20年先の具体的な目標を設定し、それを決められた期限までに達成できる、「成功のプロ」に生まれ変わっていけるのです。

ポイント!

① 確実に達成できそうな目標に挑戦し成功を繰り返すことで、目標設定のコツと自信をつかむ。
② 誰でも最初は、2週間先の目標設定からはじめる。

書いてみよう 3

今日の日付を書き入れてください。

「本を読み終わってから日付を入れよう」なんて思った人はいませんか。そんな弱気な考えでは、とうてい「成功のプロ」にはなれません。「タイミング・イズ・マネー！」。書くのは今です。

今日の日付(やると決めた日)	年　月　日

書いてみよう 4

目標達成期日（2週間後の日付）を書き入れてください。

「成功のプロ」とは、自分にとって価値のあるものを目標設定し、それを期日までに達成できる人でした。あなたがこれから立てるのは2週間後の目標です。「成功のプロ」を目指すなら、勇気を持って2週間後の日付を書き込みましょう。

目標達成期日	年　月　日

書いてみよう 5

2週間後に達成したい目標（今回の目標）を書いてみてください。

ここでは2週間後に確実に達成できそうな目標を書いてください。

目標までの正確な距離を測る

《書いてみよう5》では、2週間後に達成したい〔今回の目標〕を書きました。

スタートとゴール、〔今日の日付〕と〔目標達成期日〕を記入したことで、目標達成にチャレンジする意欲がわいてきたと思います。驚くべきことですが、世の中の95パーセント、いつも失敗する人の中には、〔目標達成期日〕を入れないで目標を立てたと勘違いをしている人もいます。その点から見たら、あなたの目標はだいぶ目標らしくなってきました。この調子で進めていきましょう。

しかし「成功のプロ」の視点から見たら、まだまだ不十分な目標設定にとどまっています。あなたの〔今回の目標〕に足りないものをチェックしながら、さらに目標設定の技術を深めていきたいと思います。

まずは、《書いてみよう5》で書いた〔今回の目標〕が、今のあなたにとってほんとうに適正な目標となっているかどうかを考えてみましょう。能力以上に高望みした目標になっていないか？　「一生懸命頑張る」といった感情面のものになっていないか？　2週間では到底達成不可能な、非現実的な目標になっていないか？

〔今回の目標〕を立てる上で大切なのは、その目標が現実的であるかどうかということです。目標設定で失敗する人に完全に欠落しているのは、目標の客観性です。

目標というものは、ともすれば主観的な希望や願望が込められてしまうものです。「できたらいいな」、「このくらいならできるかも」……。しかし、これでは夢と変わりありません。それでは宙に浮いた状態のままです。

客観的に検証できる目標でなければ、達成度のチェックや評価があいまいなものになってしまいます。また、仲間や指導者、強烈に自分の心を高めてくれるメンターからもアドバイスや助力をもらえません。

その結果、成功にリーチすることが、難しくなってしまうのです。

さあ、原田塾の「成功の技術」を使って、あなたの立てた〔今回の目標〕が適正かつ客観的なものになっているかを見ていきましょう！

成功の技術◆リーチ2
目標＝期間×難易度

〔今回の目標〕を適正かつ客観的なものにするためには、今の自分とその目標との正確な距離を知らなければなりません。

そのために、59ページのイラストのようにあなたの目標を視覚化してみましょう。横軸が目標達成までの期間、縦軸が目標の難易度です。まず期間を決めて、それから目標の高さ（難易度）を決め、その交点が〔今回の目標〕となります。頭の中でイメージするだけでなく、必ず縦軸、横軸のグラフ上にビシッと線を引くことで視覚化し、より具体的にイメージを高めておいてください。

目標との距離を知るということは、目標達成への階段が、どのくらい先まで、どのくらいの角度で続いているかをのぼりはじめる前に知っておくことなのです。

その角度が平坦であれば、わりと楽にのぼって行けます。そそり立つ絶壁であれば、「よし、気合を入れて行かねば」と、相当の決心と覚悟がいるでしょう。目標への階段の角度

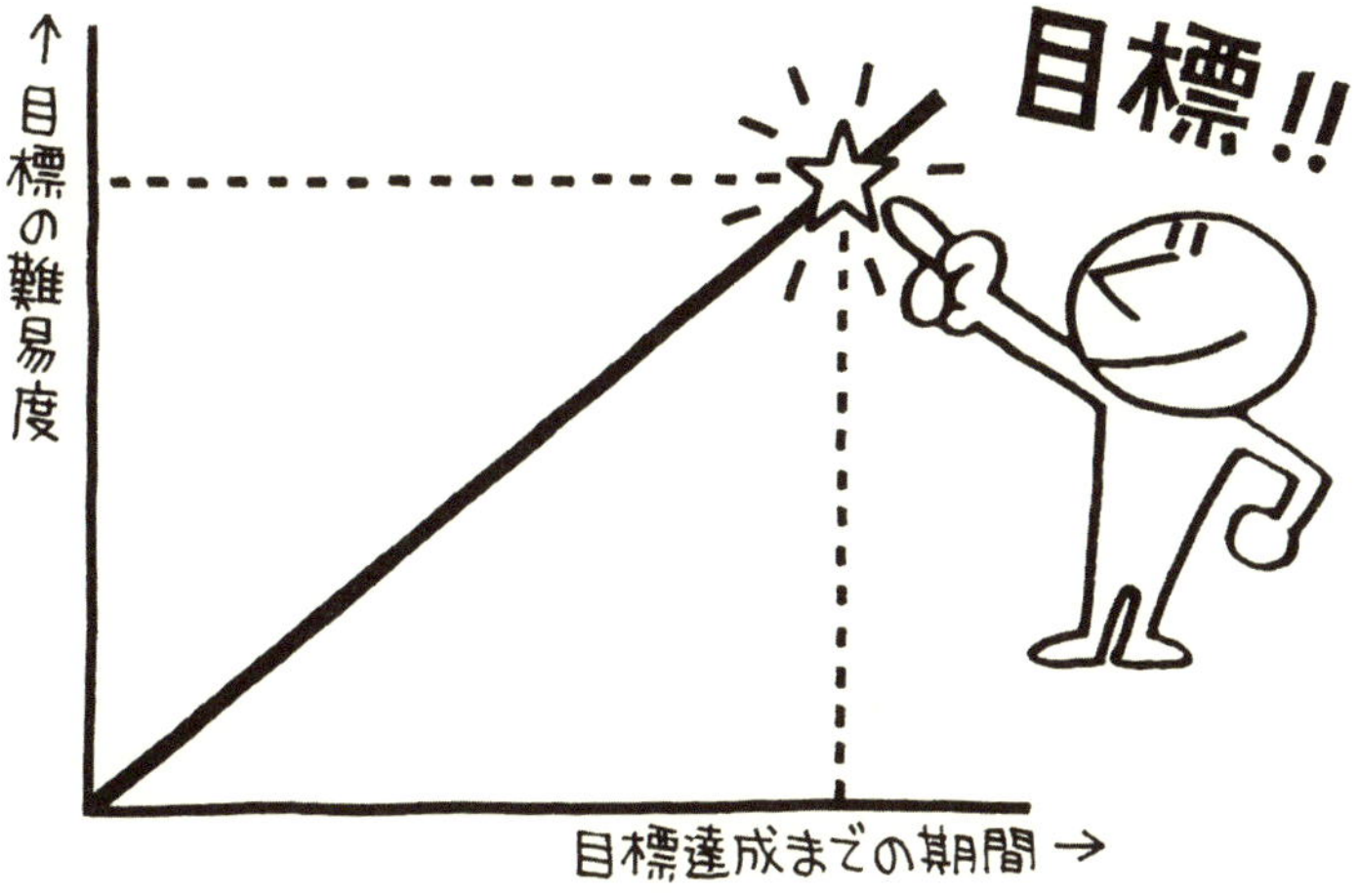

目標は、目標達成までの期間を横軸、目標の難易度を縦軸とする2次元のグラフ上に視覚化することができる

をイメージすることで、チャレンジする決意や気持ちのつくりも変わってくるのです。

《書いてみよう4》で今日から2週間後の目標達成期日を書き入れたみなさんは、もう横軸の期間は決めています。次は縦軸、目標の難易度を決める番です。

果たして〈今回の目標〉が自分の中でどれほどの難しさなのか。登山にたとえたら、エベレストなのか、富士山なのか、大阪の天保山《てんぽうざん》という高さ5メートルの山なのか、ということを明らかにするわけです。

目標には「ゾーン」がある

さてここから、あなたにとって目標の難易度が適正なものかを知る方法を説明していきます。

原田塾では目標の難易度を「目標のゾーン（幅）」から導き出します。「目標のゾーン」の上限にあたる〈最高の目標〉と下限の〈絶対達成できる目標〉を設定し、そのゾーンの中で適正な高さの〈今回の目標〉を決めるという手法です。その際、高さをより測りやすくするために〈中間の目標〉も設定します。つまり上中下3本の基準線からなる「目標のゾーン」の中で、〈今回の目標〉を決めることによって目標の妥当性が分かるのです。

「目標のゾーン」という考え方は、「成功の技術」の中でも最も大切な理論の1つですから、さらに詳しく「目標のゾーン」設定について解説します。

大切なことなので繰り返しますが、目標にはゾーンがあります。それは3つの目標、〈最高の目標〉、〈絶対達成できる目標〉、〈中間の目標〉からなっています。

「目標のゾーン」についての説明をはじめて聞いた人は、大人も子どもも不思議そうな顔をします。

「えっ、目標って1つではないの？」

「いつも目指すのは〈最高の目標〉ではないのですか？」

あなたも似たような疑問を抱いたのではないでしょうか。

また、こんな勘違いもよくあります。〈最高の目標〉、〈絶対達成できる目標〉、〈中間の目標〉の3つを、長期・短期・中期目標と混同してしまうことです。しかし、長期・短期・中期目標は、目標のグラフ上で考えたら横軸上の問題です。何度も言いますが、目標を表すのは横軸（期間）と縦軸（難易度）です。〈最高の目標〉、〈絶対達成できる目標〉、〈中間の目標〉は縦軸上の考え方だということを、しっかり理解しておいてください。

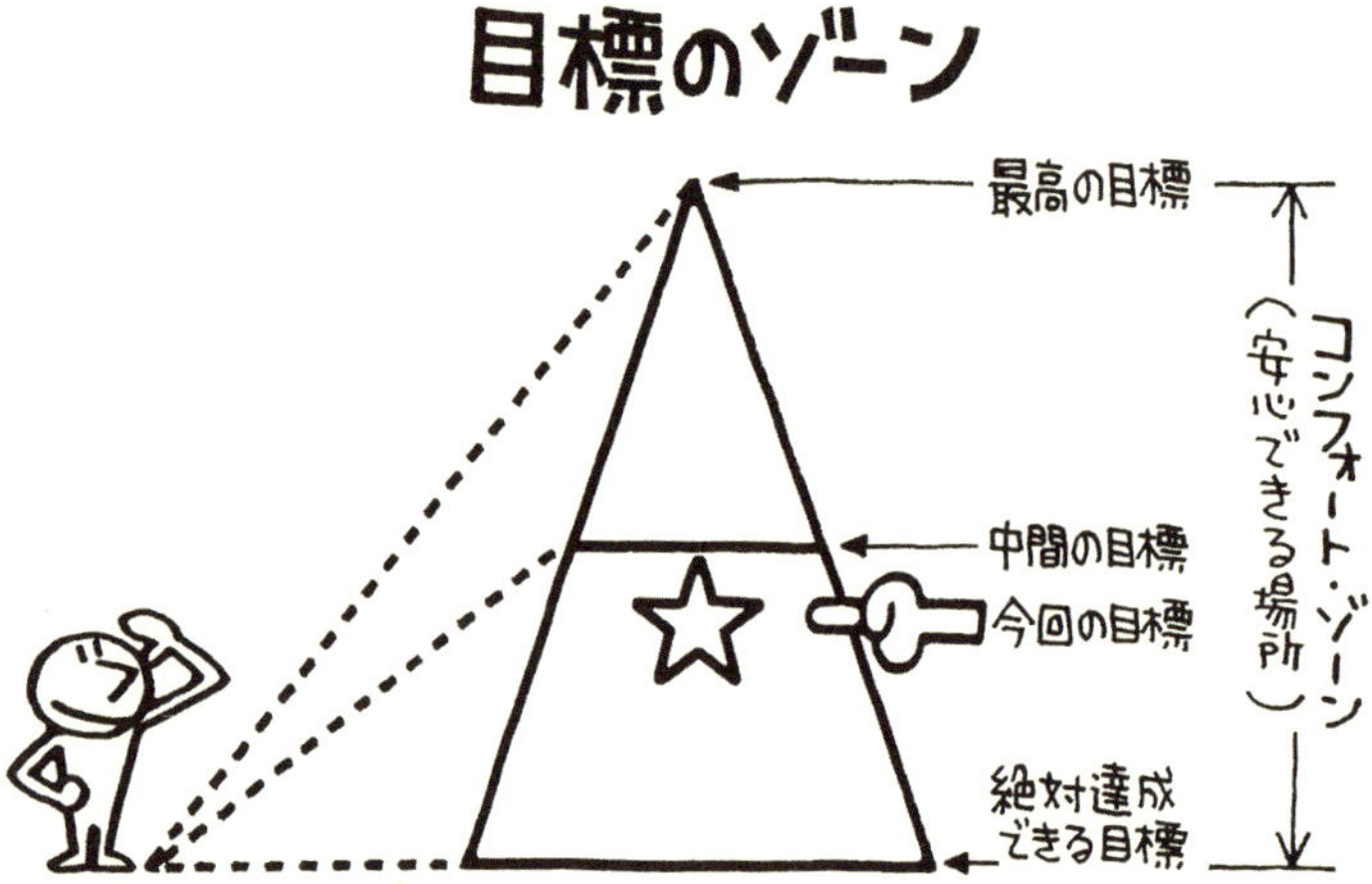

目標にはゾーンがある。最高の目標と絶対達成できる目標との幅を、その人にとってのコンフォート・ゾーンと言う。このゾーンを超えて目標達成することはありえない。

なぜ、いきなり〔今回の目標〕をズバッと決めてはいけないのでしょうか？　どうして、わざわざ「目標のゾーン」を設定してから、〔今回の目標〕を決める必要があるのでしょうか？

それは「目標のゾーン」を設定することで、〔今回の目標〕にぶれがなくなるからです。

私が20年間3万人に指導してきた中で、いつも失敗する人に共通していた現象が、目標がぶれてしまうというものでした。

「おまえ、日本一になると言ってるけど、まだちょっと高すぎないか？」

「じゃあ、大阪一にしておきます」

「1週間にワイン50本を売ると目標設定していますが、少し低すぎませんか？」

「では、150本にします」

つまり目標を立ててた本人が、目標の上方修正、下方修正を簡単にしてしまうのです。自分にとっての目標の難易度、目標までの正確な距離を知らないまま、目標を立ててしまった結果です。ワイン50本と150本が、その人の中でどれくらいの難しさなのか、どう違うのか。本人が分かっていないのですから、私としても指導のしようがありません。

そこで取り入れたのが「目標のゾーン」でした。

まず本人の「目標のゾーン」を明らかにした後に〔今回の目標〕を決めることで、目標の難易度がはっきり分かるようになり、目標が簡単にぶれることがなくなりました。私としても「これは相当気合入れなあかんな」、「これは比較的簡単やから失敗すんなよ」と、適切な指導ができるようになったのです。

つまり、あなたも「目標のゾーン」を設定することで、適正かつ客観的な目標が立てられるようになるのです。

成功の技術◆リーチ3
コンフォート・ゾーンを知り、目標設定の精度を高める

「目標のゾーン」の設定では、まず〔最高の目標〕と〔絶対達成できる目標〕を決めます。この間を、その人にとっての「コンフォート・ゾーン〔安心できる場所〕」と呼びます。

人間は誰もがこのコンフォート・ゾーンを持っています。どんなに調子が良くても、絶対にその上限を超えて結果を出すことはできません。一方、交通事故や天災などの不可抗力を除いて、どんなに調子が悪くても、それ以下の結果にはならないという下限もありま

す。

この幅を知ることで、高望みをしたり、不安を抱かなくても済むようになるのです。「コンフォート・ゾーンの中にあることなら、自分はできるぞ」、「最低ここまではできるぞ」と、自分の能力をしっかり自覚することで、人間は安心して活動できるのです。逆に言えば、コンフォート・ゾーンを超えた目標は、適正な目標とはなり得ません。不可能なほど目標が高かったり、あまりにも低すぎる簡単な目標では、最初からやる気につながらないからです。

あなたも《書いてみよう5》で書き出した内容を見直し、〈最高の目標〉と〈絶対達成できる目標〉を考えて「目標のゾーン」を明らかにしてください。どうですか？　自分のコンフォート・ゾーンが見えてきましたか？

それができたら、真ん中に位置する〈中間の目標〉も考えてみましょう。ここで注意しなければならないのが、〈中間の目標〉は単純な数字の均等割ではないということです。

たとえば、いつもテストで50点しかとれない人が、〈最高の目標〉を90点とし、〈絶対達成できる目標〉を10点アップの60点としたとします。しかし〈中間の目標〉は90点と60点の真ん中にある75点と単純に決めてはいけません。よく考えた結果、80点ぐらいが中間点

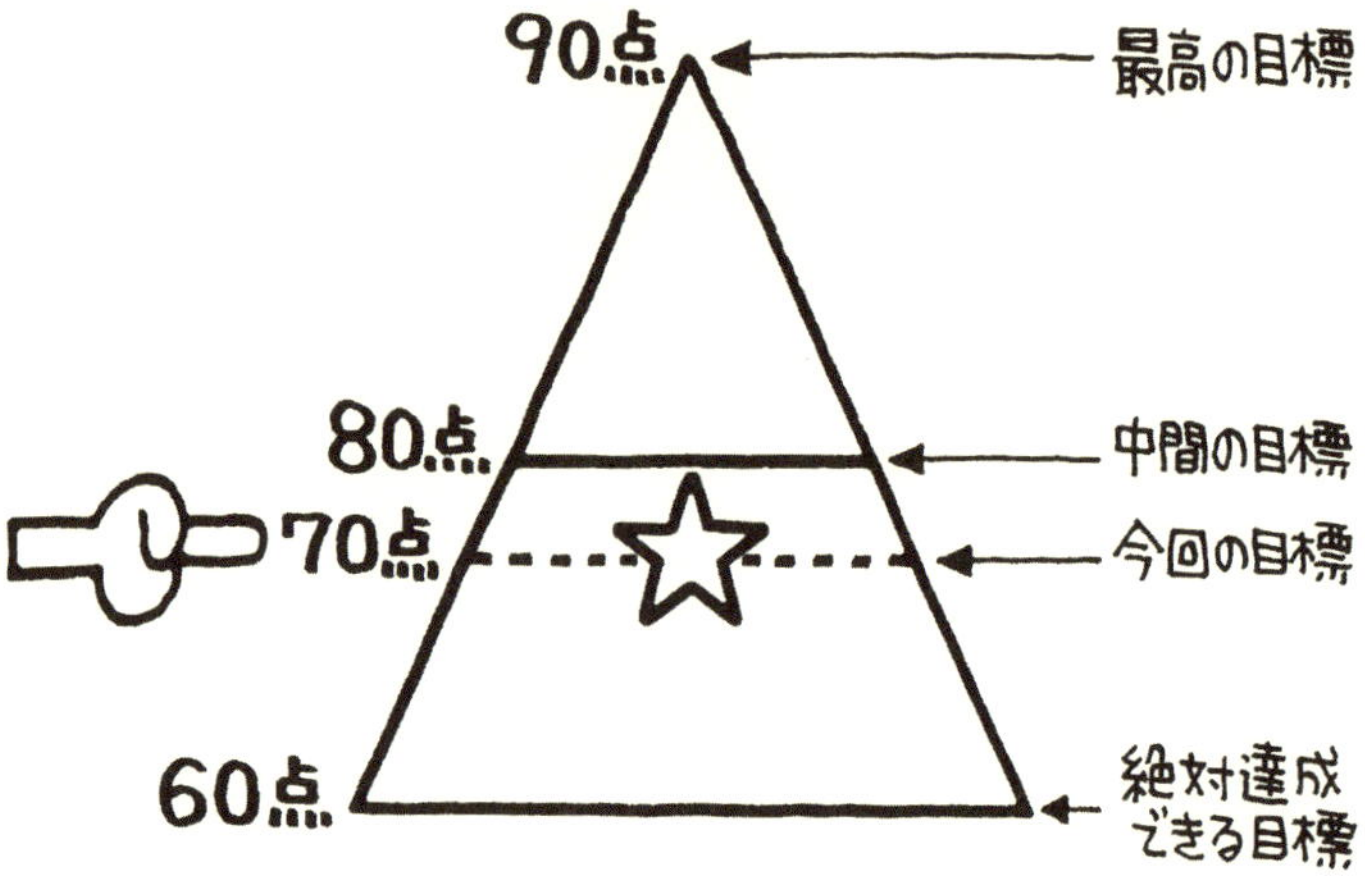

目標のゾーンを「山」に見たてて視覚化して考えることもできる。

として妥当かもしれませんね。その中で難易度を見ながら、〔今回の目標〕を決めるのです。

2週間で1キロ体重を減らすことがたやすい人が、〔最高の目標〕を3キロ、〔絶対達成できる目標〕を1・5キロとした場合。2キロを超えるときつくなることが分かっているなら、たとえば〔中間の目標〕を2キロとし、いつもより気合いを入れて頑張るつもりで〔今回の目標〕を2・5キロにする。

前回の空手大会で100人中6位だった人は、〔最高の目標〕1位、〔絶対達成できる目標〕6位、〔中間の目標〕3位を目安に〔今回の目標〕は4位でも

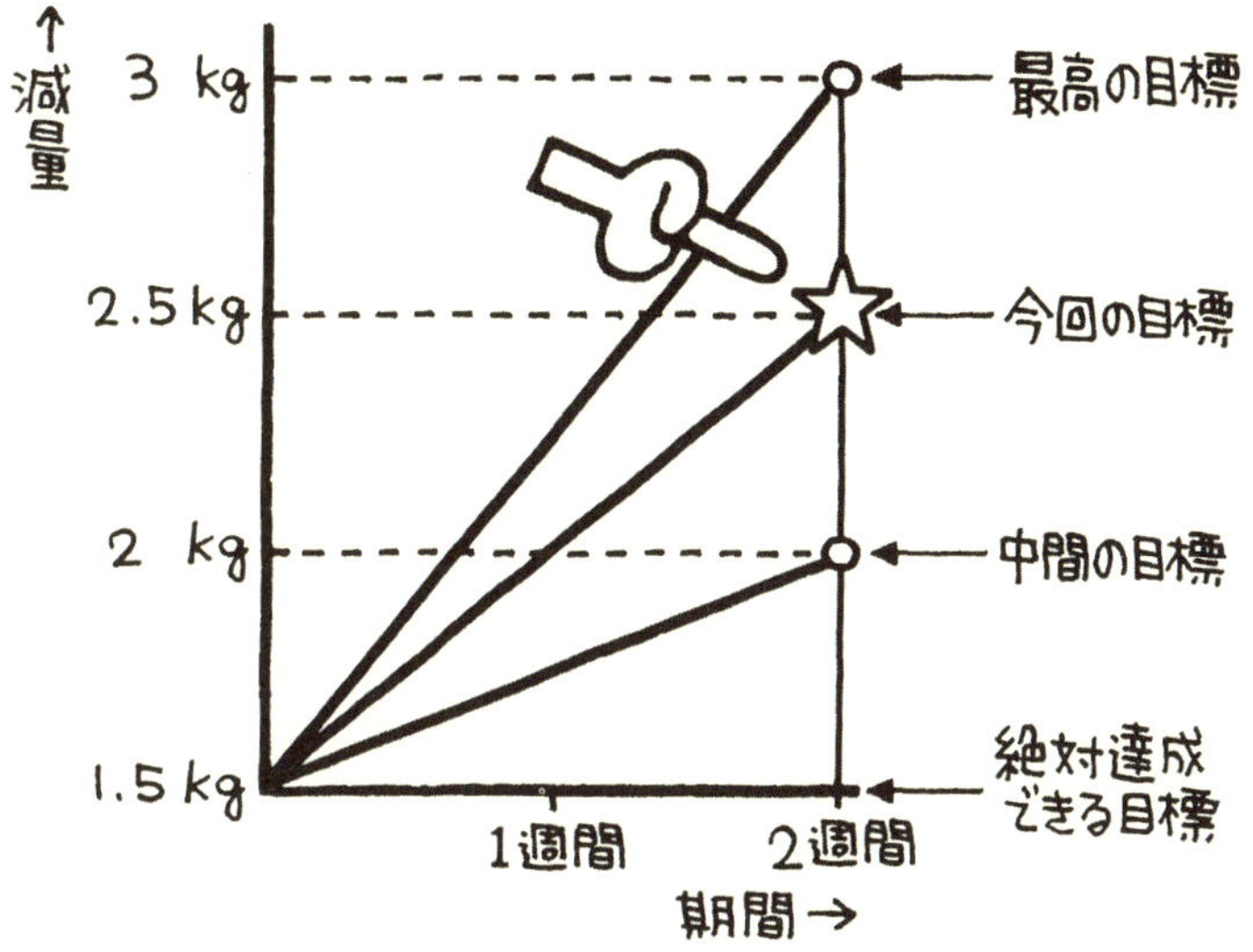

コンフォート・ゾーンを知ってから、ダイエット目標を決めれば、達成の確率も高くなる

いいでしょう。

ある学習塾経営者に「目標のゾーン」設定をしてもらった際にも、こんなことがありました。その方は新しく開設する教室の生徒獲得の目標として、〔最高の目標〕を２００人、〔絶対達成できる目標〕を50人と設定しました。普通に考えたら〔中間の目標〕は１３５人です。しかし、その方は〔中間の目標〕を80人としたのです。

松虫中陸上部で日本一を目指したときも同じようなことがありました。ある年の中学陸上の全国大会で砲丸投げには50人出場しました。そのときの〔最高の目標〕を1位、〔絶対達成できる目標〉を40位と設定しました。機械的に考えたら、20位が〈中間の目標〉となりますが、私たちの感覚では〈中間の目標〉は8位でした。

不思議ですよね？　しかし、こればかりは簡単に数字や順位で割り切れるものではなく、目標を立てる本人にしか分からないものです。だから企業人塾で「目標のゾーン」を設定する際は、できるだけ同じ業種・職種の人たちにグループを組んでもらい、最高、絶対達成できる、中間の目標の妥当性をチェックし合ってもらっています。みなさんが実際に「目標のゾーン」設定をする際にも、参考にしてください。友人や仲間と一緒に励まし合いながら目標にチャレンジすれば、成功にリーチする確率もアップします。

一人で目標設定をする場合には、必ずイラストで紹介したように目標のゾーンをグラフや山としてイメージし、その山のどの辺りが〈今回の目標〉になるかを☆印でチェックしてください。視覚化してイメージを高めることで、自分のゾーンと〈今回の目標〉の位置関係が鮮明になってきます。

さあ、また1歩「成功のプロ」に近づくことができました。この調子で頑張りましょう。

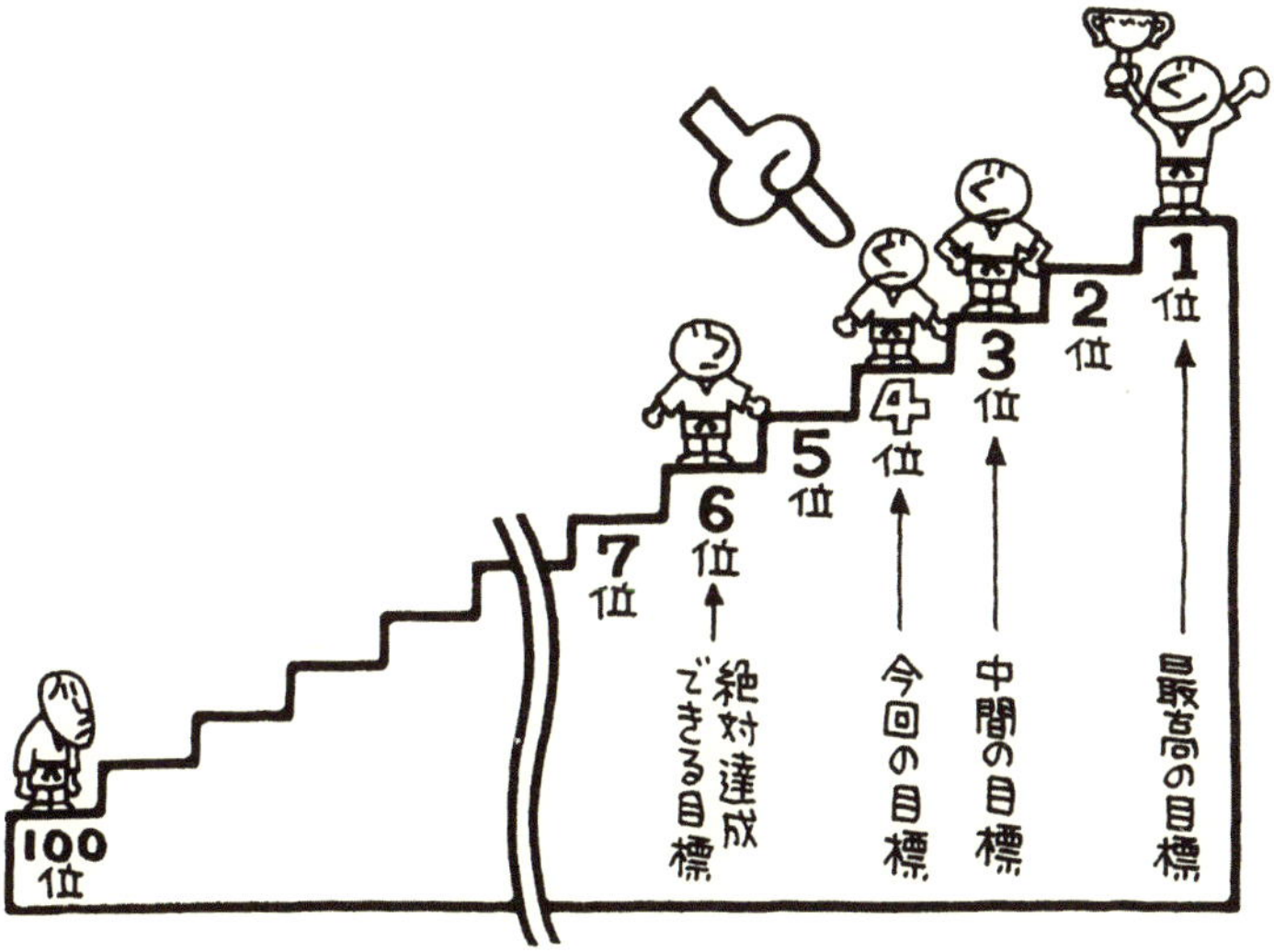

イラストなどにして視覚化してから、〔今回の目標〕を決めると、目標の難易度がはっきりと分かるようになり、目標が簡単にぶれることがなくなる。

目標設定の失敗例

《書いてみよう6》、《書いてみよう7》では、それぞれ「目標のゾーン設定（〔最高の目標〕、〔絶対達成できる目標〕、〔中間の目標〕）」と〔今回の目標〕を記入してもらいますが、その前によくある失敗例を見ていきます。ここまで詳しく説明してきましたから、すでにあなたの理解は完璧《かんぺき》。よもやとは思いますが、教師塾や企業人塾でも必ずある失敗ですから、転ばぬ先の杖《つえ》としておきましょう。

失敗例① 〔ルーティン目標〕を目標にしている

〔ルーティン目標〕というのは行動目標の1つで、毎日必ずやると決めた目標のことです（詳しくは【成功の技術】リーチ8を参照）。たとえば〔最高の目標〕毎日腹筋100回、〔絶対達成できる目標〕毎日腹筋50回、〔中間の目標〕毎日腹筋70回、〔今回の目標〕毎日腹筋80回というのは行動目標にすぎません。〔今回の目標〕では、その先に何が得られるのか、「ウエストを3センチダウンして○号のスカートをはく」、「体重を1キロ減らす」などという目標を書いてください。

失敗例② 単位がそろっていない

目標の客観性を高めるためには、〔最高の目標〕、〔絶対達成できる目標〕、〔中間の目標〕、〔今回の目標〕で書くことの〝単位〟がそろっていなければなりません。たとえば、スポーツの大会に出るとき、〔最高の目標〕優勝、〔絶対達成できる目標〕ベスト16、〔中間の目標〕入賞（準決勝進出）、〔今回の目標〕3位では、3つの目標と〔今回の目標〕の関係が分かりません。しかし単位を〝位〟にそろえて、〔最高の目標〕1位、〔絶対達成できる目標〕16位、〔中間の目標〕4位、〔今回の目標〕3位とすれば一目瞭然です。センチ、キロ、点、位、円、パーセント……など、くれぐれも単位をそろえることを忘れないでください。

失敗例③ 感情面が目標になっている

よくある間違いに次のようなものがあります。〔最高の目標〕死ぬ気で頑張る、〔絶対達成できる目標〕とにかく頑張る、〔中間の目標〕思い切り頑張る。その意気込みは立派ですが、これでは目標になっていません。何度も言いますが、客観的な目標でなければなりません。主観的、感情面のものは目標になりません。〝死ぬ気〟でやれたかどうか、誰がどうやって評価・検証することができるのでしょうか。ムードや雰囲気で目標を考えていては、いつまでたっても成功にリーチすることはできません。

失敗例④　数値化できない目標はない

企業人塾でよくある質問が、「私の仕事は陸上競技のように順位がつくものではありません」というものです。しかし、残念ながら、そういう人は自分自身の仕事についての理解が足りません。客観視できる数値に置き換えられないようでは、どうやって仕事の成果を評価・検証するのでしょうか。日々の成果を評価・検証しなければ、成功にリーチすることはおろか、人間として成長することもできません。一見、数値化できないような目標でも、工夫すればいくらでも可能なのです。

資格取得を目標としている人からも、こんな質問がよく出されます。

「試験には合格か不合格しかありません。ゾーンはないのではないでしょうか？」

そんなことはありません。同じ合格でも内容に差があるはずです。〔最高の目標〕100点満点で合格、〔最高の目標〕1位で合格、「点」でも「位」でも表すことができます。工夫をするとは、そういうことなのです。

失敗例⑤　目標がノルマになっている

目標設定をしたら、期限までに達成するのが「成功のプロ」です。自己責任で最後までやりとげる強い心が、成功にリーチするためには大切です。しかし、目標設定をした時点で、すでに目標がつらいものになっていては意味がありません。「達成しなければ」「とにかくやらなければ」ということばかり考えていたら、目標がノルマになってしまい楽しくなくなります。目標設定の考え方を導入している企業がよく失敗するのは、社員の目標設定の技術が定着し成功体験を味わわせる前に、そこから得た結果を即、能力査定に利用しようとするからです。そのため、社員にとって目標＝ノルマとなってしまい、その目標はつらいだけのものになってしまうのです。

成功の定義の文章を、もう一度思い出してください。目標とは「自分にとって価値のあるもの」だったはずです。あなたの〔今回の目標〕は、チャレンジすることが楽しくなるような、ワクワク感、ドキドキ感がある目標になっていますか？

ポイント！

① 目標までの正確な距離は、横軸（期間）、縦軸（難易度）の2次元グラフに、視覚化して落とし込むことで分かる。

② 目標には〔最高の目標〕を上限とし、〔絶対達成できる目標〕を下限とする幅がある。この幅を「コンフォート・ゾーン（安心できる場所）」と呼ぶ。

③ 人間は、コンフォート・ゾーンの上限を超えて結果を出すことはできない。また不可抗力を除いて、下限を下回って失敗することもない。コンフォート・ゾーンを知ることで、高望みや、いらぬ不安を抱かなくてすむようになる。

④ コンフォート・ゾーンを知った上で〔今回の目標〕を設定すると、適正かつ客観的な目標を定められる。

書いてみよう 6

《書いてみよう5》を見直して、目標を3段階にゾーン分け（〔最高の目標〕〔絶対達成できる目標〕〔中間の目標〕）してみてください。

〔最高の目標〕

〔中間の目標〕）

〔絶対達成できる目標〕

書いてみよう 7

そして、改めて〔今回の目標〕を設定し直してみてください。

《書いてみよう5》で書いた目標よりも、今のあなたにとってしっくりする目標になっているはずです。今回目指すべきゴールはもう鮮明に見えていますね。

書いてみよう 8

2週間後の目標達成時の自分はどんな姿か、具体的に書いてみてください。

多ければ多いほどイメージが高まっている証拠です。できるだけ数多く書き出してみましょう。はじめてで5個以上書けた人はエクセレントです。

書いてみよう 9

ここで、《書いてみよう1》、《書いてみよう2》で書いたことを振り返ってみてください。

《書いてみよう1》、《書いてみよう2》は、できるだけ具体的に書いてもらったはずです。しかし、目標設定の技術を理解した後で見直してみると、いかにイメージが脆弱だったかよく分かるはずです。人間はセルフイメージを超えて結果を出すことはできません。今まで成功への道のりが遠かった理由が、はっきり理解できると思います。

また「書くこと」は思考の表れです。何度も書き直すこと、何度も見直すことで、思考が深まり前回より具体的かつ鮮明にイメージできるようになっていきます。《書いてみよう1・2》に戻って、改めて夢を描き直しておきましょう。

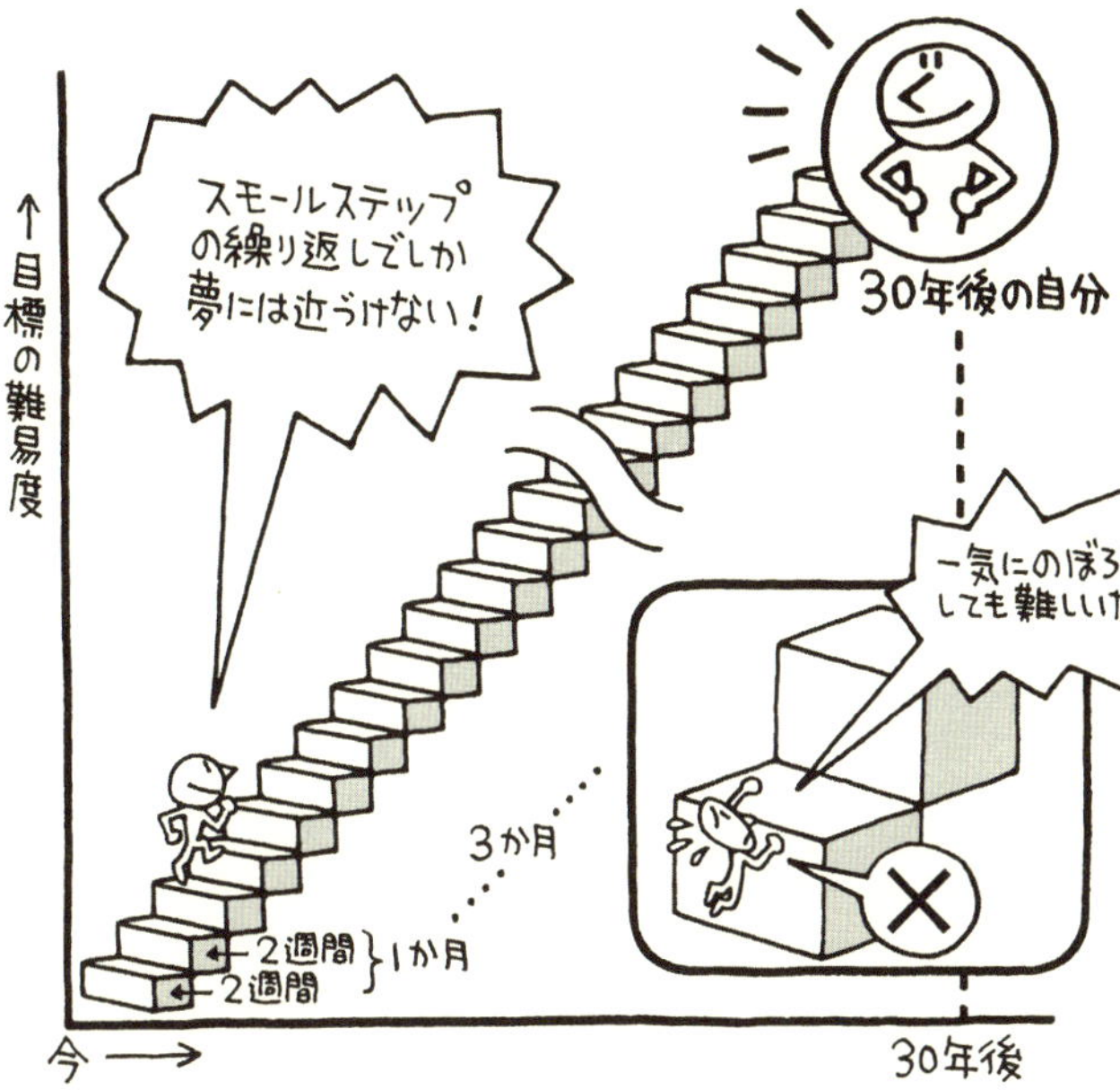
一気にのぼろうとしても難しいだけ

「具体的な目標（Goal）」を設定し、それを達成する。このスモール・ステップの繰り返しの先に大きな成功が待っている！

いかがでしたか？　目標設定の技術を学ぶことで、夢と目標の違いがさらによく理解できたと思います。

《書いてみよう1》で書いたことは「将来の夢（Dream）」、《書いてみよう7》で書いたことは「具体的な目標（Goal）」。どちらがより現実的で具体的かは一目瞭然です。そして、夢を「具体的な目標」に変えたあなたは、もう成功への階段をのぼりはじめているのです。

「具体的な目標（Goal）」設定の繰り返し、その延長線上にしか「将来の夢（Dream）」の達成はあり得ないことをもう一度確認しておきましょう。

第1章の まとめ

- □「成功の技術」を支えるのは「心」。
- □「成功する」と決めるとは、大きな夢を描き、その夢を具体的な目標に変え、目標に近づくための具体的な方法を考え、毎日続けて自分でやり切ること。そして、最後まで自分で責任をとることまでを含む。
- □鮮明にイメージできることは必ず実現できる。
- □書くことは思考の表れ。書くことで、イメージが強化される。
- □夢を具体的な目標に変えなければ、成功にリーチできない。
- □客観的な目標とは、横軸（期間）、縦軸（難易度）で表せるもの。

コラム③
プラス20パーセントの法則

目標は、高すぎても低すぎても、やる気につながりません。適正な目標設定をするために、「目標のゾーン」を設定して〔今回の目標〕を決める方法は本文中で説明したとおりです。しかし目標設定をはじめたばかりの人は、ゾーンのどの辺りに〔今回の目標〕を定めたらいいか悩むはずです。その理由は、目標設定の経験が不足しているからです。

しっかりと目標設定を行っていれば、自分の行動を評価・検証することができます。そして、〔今回の目標〕も立てやすくなります。しかし、過去に目標設定をした経験がなければ、どれくらいの高さの目標なら、自分にとって現実的なのかを判断する基準がまだありません。目標設定に慣れている人でも、まったく経験のないジャンルに挑戦するときは、そこで悩んでしまいます。

しかし20年間3万人の指導をとおして分かったのは、目標設定の初心者の場合は、現在の実力の20パーセントを上回る結果を出すことがないということです。原田塾ではこれを「プラス20パーセントの法則」と呼び、〔今回の目標〕を設定するときに目安としています。

ただし、目標設定がまったくはじめての人の場合はまだ、プラス20パーセントを割り出すために、十分な情報が蓄積されていません。短期間の目標設定を繰り返して経験を積むことで、まずは自分の正確な実力を把握するように心がけてください。

第2章

成功のための準備と実践

準備&実践するとは?

「成功のプロ」が成功を目指すとき、どのようなルートマップをつくっていたか覚えていますか。まず「大きな夢（Dream)」を描くことからスタートし、その夢を「具体的な目標（Goal)」に変えていたはずです。第1章であなたは、この2つのステップを学んできました。それによって、2週間後の〔今回の目標〕がビシッと打てたはずです。そして目標が明確に設定できたことで、今までと違って「できそうだ」という自信がわいてきたと思います。

さて、ここからはいよいよ目標達成に向かって階段をのぼりはじめる番です。この章では、成功のための準備と実践について解説していきます。「成功のプロ」のルートマップに即して言えば、「目標を達成するための方法を考える（Plan&Check）」、「自分でやり切る、最後まで自分で責任をとる（Do）」にあたる部分です。

せっかく決めた目標も、準備と実践がともなわなければ画に描いた餅と変わりません。夢を夢に終わらせず、「自分にとって価値のあるものを未来に向かって目標として設定し、決められた期限までに達成する」（成功の定義）ためにも、完璧な準備のやり方、自分でやり切るコツ、最後まで自分で責任をとることの意味をしっかり理解し、身につけておきましょう。

これらも重要な「成功の技術」です。さあ、気をゆるめずに頑張りましょう！

ポイント！

① 成功のための準備と実践とは、目標を達成するための方法を考え、自分でやり切り、最後まで自分で責任をとること。

書いてみよう 10

2週間後の目標達成のために、やることを書いてください。

まず、今考えられるベストな方法をできるだけ数多く書いてみてください。果たしてあなたが書いたことは、完璧な方法となっているでしょうか？ 原田塾の「準備＆実践」のノウハウを見ながら検証していきましょう。

Plan & Check

目標達成のための方法を考え、やる気にスイッチON！

方法を考える＝完璧《かんぺき》な準備

世の中にはいつも成功する人と、いつも失敗する人がいます。残念ながら100人中95人は、いつも失敗する人の側にいます。そして、今あなたが目指すのは、反対側の岸にいる5パーセントの「成功のプロ」です。準備や実践という観点に立って見たとき、この2種類の人間の大きな違いはどこにあるのでしょうか。

それは「準備力」の高さに現れています。

普通の人は、100の仕事に対して50ぐらいの準備でのぞみます。よく準備する人でも100の準備で安心してしまっています。しかし、結果は明白です。

「だめだ、また失敗した」

これではいつまでたっても、いつも失敗する人のままです。それだけでなく、失敗したときに何が生まれるかといったら被害者意識です。「先生のせい」、「上司のせい」、「環境のせい」。自分に問題があることが分からず、人のせいにしてしまうのです。

ところが「成功のプロ」は違います。１００の仕事に対して２００の準備をしてのぞみます。50の準備の人と比べたら、成功の確率が飛躍的に高まることは説明しなくても分かると思います。

つまり、ものごとに取りかかる前の「準備力」の高さが、いつも成功する5パーセントの人といつも失敗する95パーセントの人との大きな違いだったのです。

ここで、あなたも今までの自分を振り返ってみてください。たとえば、学校のテストやスポーツの試合にのぞんだとき、目標を立てて勉強や練習の計画も決めてみた。さあ頑張るぞ、と目標に向かってスタートを切ったのはいいけれど、はじめてみたら、方法が間違っていたり、無駄が多かったり、やるべきことが抜けていたりして、本番ぎりぎりになってあわてたことがあるはずです。

完全に準備不足です。方法の精度も荒い。「準備力」が低かった証拠です。冷蔵庫の中身を確認しないでカレーをつくりはじめて、途中で固形ルーがないことに気づき、あわててスーパーへ買いに走るようなものです。プロの料理人ならば、必要な材料をグラム単位で完璧にそろえてから取りかかるでしょう。それが「成功のプロ」というものです。

準備不足はまた、不安や過度の緊張を生みます。その結果、普段は簡単にできることでさえ失敗してしまうことがあります。成功にリーチするために大事なことは、「準備力」を高め、目標に向かう階段をのぼる前に、その方法の精度を高め、完璧な準備を行うことです。完璧な準備をしておけば、「失敗するかもしれない」という未来への不安が消え、「できそうだ」という期待感が高まって、やる気のスイッチが入ります。不安がなくなれば、平常心、楽観的な態度で目標に取り組むことができるようになります。

つまり完璧な準備は、持っている能力、エネルギーを最大限に発揮することができる状態に自分を高めてくれるものなのです。目標達成の確率が上がらないわけがありません。

それでは、「準備力」を高めるための方法を学んでいきましょう。いきますよ！

成功の技術◆リーチ4
成功のための自己分析＝過去の分析＋未来への準備

目標を達成するための方法を考える、完璧な準備をするということの具体的な方法は、目標達成の前に立ちふさがる未来の壁や問題点を事前に予測・予言して、対策を立てておくことです。未来を予測・予言して、現在地点からミサイルを撃ち込んで壁を破壊しておけば、目標まで一気に進んでいけるのです。

私たちは超能力者でも予言者でもありません。しかし、未来を予測・予言する方法は知っています。それが、【成功の技術】リーチ4です。

未来を予測・予言するための最大のヒントは、過去の自分の中にあります。つまり、過去を分析することが、未来への準備のスタートなのです。過去にどんな壁に突き当たって失敗したのか、うまく壁を乗り越えたときはどうやったのか、それが分かれば未来の壁を難なくクリアし、成功にリーチすることができます。

次ページからは、過去を分析し、未来への準備をする「成功のための自己分析」のノウハウを紹介していきます。

ポイント!

① 「成功のプロ」は準備力が高い。完璧な準備でものごとにのぞみ、持っている能力、エネルギーを最大限に発揮している。

②　完璧な準備を行えば、「失敗するかもしれない」という未来への不安が消え、「できそうだ」という期待が高まって、やる気のスイッチが入る。
③　完璧な準備とは、目標達成の前に立ちふさがる未来の壁・問題を予測・予言して、解決のミサイルを撃ち込んでおくこと。

さて、いよいよ「成功のための自己分析」に入りましょう。

進路指導や就職活動など、みなさんも自己分析をした経験があると思います。「自分に向いている仕事は何なのか」、「自分のアピールポイントはどこか」……。しかし自己分析という言葉の意味や、何を分析し、そのことでどんな効果があるかを十分に理解してやってきたでしょうか？

ここでは自己分析の意味も考えながら、「成功のための自己分析」の技術を解説していきます。

成功の技術◆リーチ5

過去の分析によって「最高の自分」と「最低の自分」を知る

第1章で説明しましたが、人間には「コンフォート・ゾーン（安心できる場所）」があります。「成功のための自己分析」も、自分自身のコンフォート・ゾーンを知ることからはじまります。つまり過去の分析を行うことで、「最高の自分」と「最低の自分」を明らかにするわけです。

人間はたとえ失敗をすることがあっても、不可抗力を除いて、コンフォート・ゾーンの下限を下回って失敗することはありません。反対に上限を超えるとんでもない成功はできませんが、コンフォート・ゾーンの最高点で成功することは可能です。

実はここに5パーセントの「成功のプロ」と、95パーセントの普通の人の違いがあります。

世の中で一流と呼ばれる人、つまり「成功のプロ」はトータルで見たときに、自分のゾーンの上限付近で常に力を発揮できる人なのです。イチロー選手にも好不調の波はありま

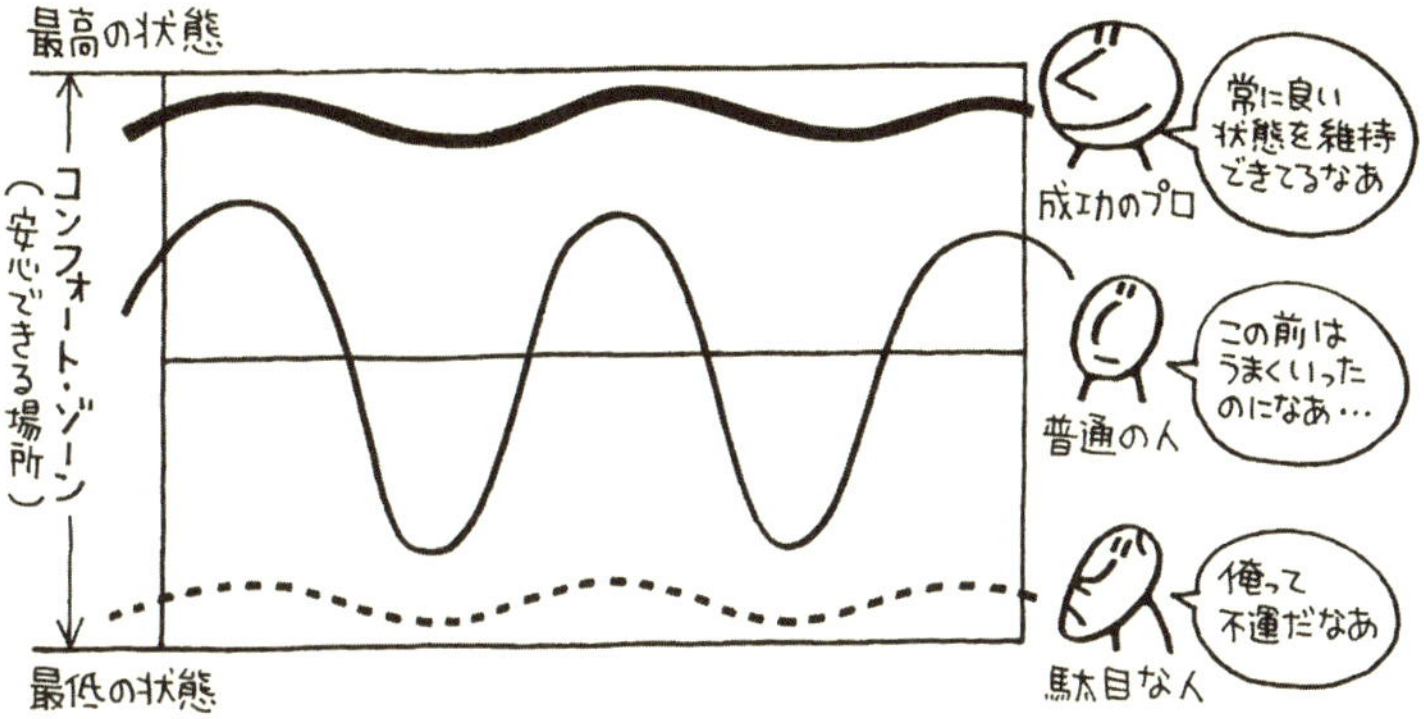

すが、シーズンを終えてみるといつも3割以上の結果を出しています。実は3割バッターと2割5分バッターの差はわずかなものです。20打席につき1本多くヒットを打ったかどうかの違いです。自分のコンフォート・ゾーンを認識し、作為的に自分を「最高の自分」へ近づけること（セルフコントロールする）で、この1本を意図的に打つことができるのが一流選手なのです。ゾーンの上限で力を発揮するとは、そういう意味なのです。

しかし並のプロ野球選手や世の中の95パーセントの人は、はっきり言ってジェットコースターのようにゾーンの間で激しく上下して、「いいときはいい、だめなときはだめ」となります。もっとひどいのは、悪い生活習慣が根づいている人です。いつもゾーンの下のほうで低空飛行しているから、いつまでたっても成果が上がりません。こういう人に限って自分は運が悪いと言いますが、不幸な勘違いです。

自分の未来を拓いていこうと思ったら、自分のコンフォート・ゾーンを知り、常にその上限のほうで力を発揮できるようにしていけばいいのです。そして上限付近を維持できるようになると、次第にコンフォート・ゾーンの上限は上がっていきます。

「最高の自分」と「最低の自分」は、過去に目標に挑戦したときのことを振り返って、成功できたときと失敗したときの自分の状態、理由を分析することから明らかになります。

「これでいけた！」という成功体験を通して、自分の強み（コンピテンシー）を知り、「これでいつも失敗した！」という失敗体験から、自分の弱みを自覚する。成功体験を追体験することで「自分はできる！」という自信が高まります。

自分のコンフォート・ゾーンを知り、悪い習慣を良い習慣に作為的に変えていくことが、「成功のための自己分析」に込められた最も大事な意味なのです。

――「心、技、体、生活、その他」にわたり、生き方の質を高める

世の中の5パーセントの人はいつも成功をし、95パーセントの人はいつも失敗をします。

ところが、本人がその理由をまったく分かっていません。だから、いつも成功する人は自分は幸せな人で、失敗を繰り返す人は自分が不幸な人だと思っています。

しかし私は教育者ですから、失敗を繰り返す生徒たちのマイナス（最低の自分）を作為的にプラス（最高の自分）にして、できるだけコンフォート・ゾーンの上限で力を発揮できるように育てていかなければなりませんでした。つまり、成功と失敗を分析して、失敗の習慣（悪い習慣）を切り捨て、成功の習慣（良い習慣）に作為的に行動を移し替えさせていったわけです。

ところが困ったのは、生徒のプラスとマイナスを個人個人ばらばらに見ていては、いくら時間があっても足りなかったことです。そこで探したのが、たくさんの人間を横に並べて見ることができる共通観点でした。

24時間365日、大人でも子どもでも、男でも女でも、若者でも老人でも、住んでいる国や仕事が違っても、何か共通する観点はないのだろうか？

ありました！

人間を分析する観点は、「心、技、体、生活、その他」の5項目に集約できるのです。スポーツで大事なことは、「心・技・体」と言われます。中でも一流選手ほど「心」を重視し

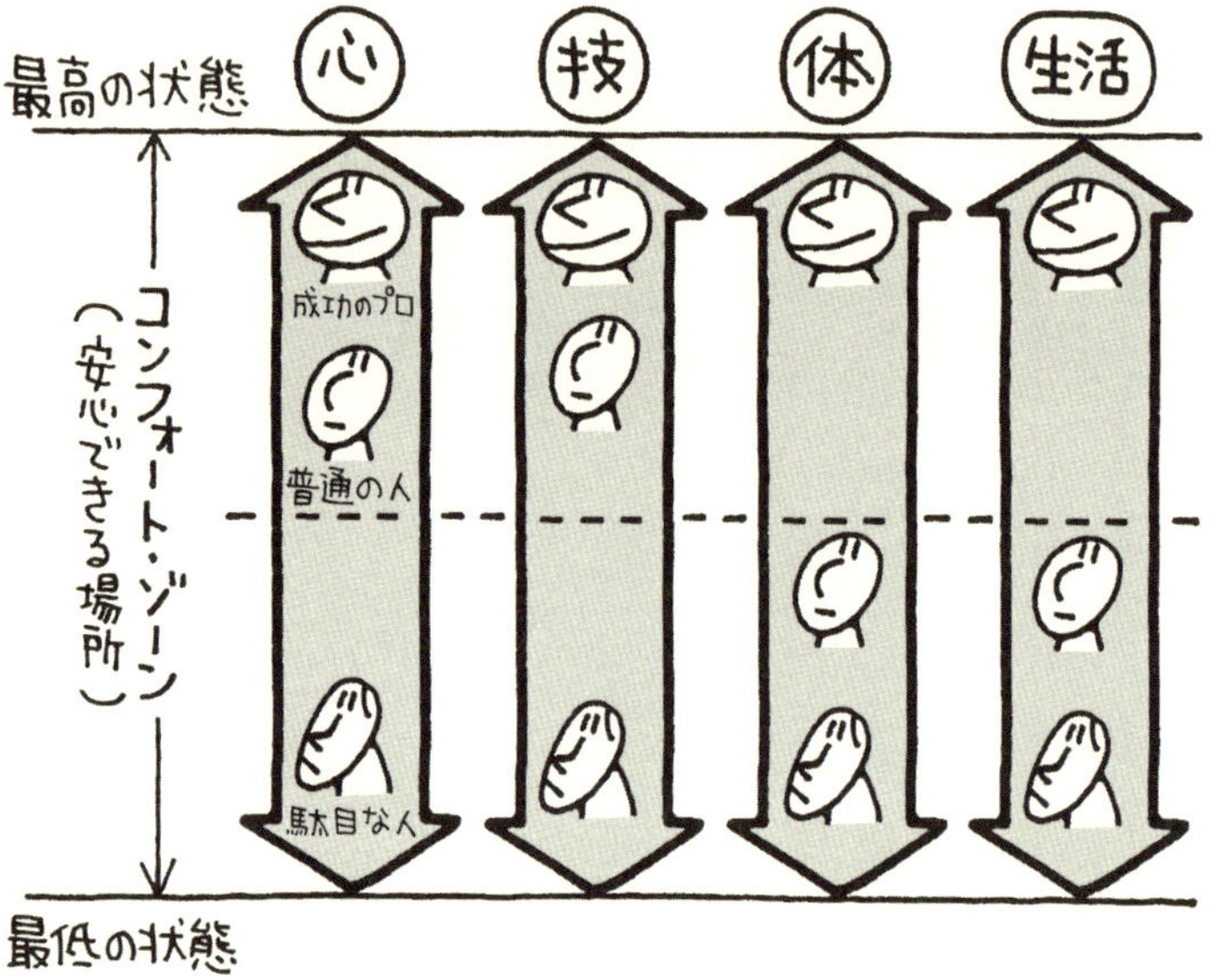

ていることは前にも説明しました。さらに、一流選手と呼ばれる人ほど、節制し無駄のない生活を送っています。そして、それ以外の部分。「成功のプロ」は「心、技、体、生活、その他」にわたって質の高い生き方をしているわけです。

この5つの観点は人類共通のものです。もちろんスポーツ以外のどのジャンルにおいても、この観点で分析することが可能です。だから、ビジネスの経験がない私が企業に対して指導することができるのです。ゴルフの経験がない私でもプロゴルファーを指導できるのです。異分野のことは指導できないと考えているのは、スキル（技）だけに焦点を合わせて指導を考えているからです。スポーツ、ビジネス、健康、人生、家族関係……、世の中におけるすべての成功に流れている方程式はみな同じなのです。

原田塾でも、生き方の質を向上させ、日々の行動を成功の習慣に移し替えていくために、この5つの共通観点を分析に取り入れています。この観点がなければ、ある人は「心」のことだけ、ある人は「技」のことだけ、ある人は「生活」のことだけに過去の分析がかたよってしまいます。大切なことが抜け落ちて、準備不足にもつながってしまいます。

このあとのワークで過去の分析を行うときは、「心、技、体、生活、その他」の5つの共通観点にもとづいて、それぞれ「成功の分析（最高の自分）」「失敗の分析（最低の自分）」を行ってください。今まで見落としていた自分の強み・弱みが、たくさん分かってくるはずです。さあ、やってみましょう！

ポイント！

① 未来を予測・予言するヒントは、過去の自分の中に隠されている。完璧な準備は過去の分析からはじまる。

② 過去の分析とは、自分自身のコンフォート・ゾーンを知り、「最高の自分」と「最低の自分」を明らかにすること。

③ 最高の自分とは「これでいけた！」いう成功体験を通して自分の強みが生かせている状態。最低の自分とは、「これでいつも失敗した！」という失敗体験を繰り返してしまい、先へ進めない駄目な自分。

④ 過去の成功と失敗に気づき、日々の生活の中で成功の習慣を繰り返すことで、成功にリーチできる。

⑤ 「成功のプロ」とは、自分のコンフォート・ゾーンの上限付近で安定して力を発揮できる習慣を持つ人。

⑥ 自己分析は「心、技、体、生活、その他」の5つの観点で行う。この観点は国籍、性別、年齢を問わず、人類に共通するものさしである。

書いてみよう 11

目標達成に成功したときの自分（最高の自分）を思い出して、5つの共通観点それぞれで〔成功の分析〕をしてみてください。

心
技
体
生活
その他

書いてみよう 12

目標達成に失敗したときの自分（最低の自分）を思い出して、5つの共通観点それぞれで〔失敗の分析〕をしてみてください。

心
技
体
生活
その他

成功の技術◆リーチ6
予想される問題点を洗い出し、解決策を見つけておく

原田塾で言う準備とは、未来に対する予測・予言です。自分のコンフォート・ゾーンを知るとともに、予測・予言のヒントを見つけるために【成功の技術】リーチ5を使い、成功と失敗の両面から過去の分析を行いました。

その際、〔失敗の分析〕を通して、自分の弱点、過去の失敗例がいくつも見つかったと思います。「成功のプロ」が成功にリーチしたときにも、〔失敗の分析〕をやっています。次に挑戦するときに、〔失敗の分析〕で見つかったマイナス点をプラスに変えていくことができるのが、いつも成功する5パーセントの人だということを覚えておいてください。

ですから過去の分析の次に行うのが、〔失敗の分析〕で見つかった過去の失敗例をヒントにして、〔予想される問題点〕を洗い出す作業です。これが【成功の技術】リーチ6です。〔予想される問題点〕とは、未来の自分が直面するであろう壁・問題、超えなければならないハードルのことです。過去の分析は5つの共通観点それぞれで行ったのですから、ここ

でも「心、技、体、生活、その他」すべてにわたって問題点を洗い出すことは言うまでもありません。

そして〔予想される問題点〕の洗い出しが終わったら、それぞれの問題について、その答えである〔解決策〕もあわせて見つけておきます。「過去の分析」の結果をもとに危機管理をしておくわけです。

危機管理の基本的な考え方は、最低最悪の状態を予想して、強烈な準備をしておくことです。そうしておけば、いざ問題が起こっても楽観的に対応ができるのです。しかし世の中の95パーセントの人は、この危機管理ができていないがために、何度も同じ失敗を繰り返してしまいます。楽観的な予想をして、最低の準備しかせず、いざ問題が起こったら大あわて。あなたのまわりにも、そんな人がたくさんいるのではないでしょうか。

未来を予測して解決策を考えることは、簡単なことです。

たとえば、松虫中にもこんな生徒がいました。

「先生、木・金・土と中間試験で、日曜日が試合ですが、親は試験が近いから練習するなと言います。どうしたらいいですか?」

「全国大会前の選手が何を言ってるんだ?」と、無理矢理練習させたらどうなるでしょうか。「部活と勉強、どっちが大事なんです?」と言って、親は部活を辞めさせてしまいます。これは分かり切ったこと、〈予想される問題点〉ですね。

試験と試合が近いという事実、未来が分かっているわけですから、いつもは1週間前から勉強させる生徒に3週間前から勉強をさせて、親の理解を得れば済む話です。きちんと説明したら、親も「先生、それだったらお任せします。試験中も練習しても構わないし、試合に出しましょう」ということになります。

問題は発生と同時に答えを背負っている

【成功の技術】リーチ6にあるように、〈予想される問題点〉の洗い出しと〈解決策〉の用意はセットで行なうことが大事です。普通の人は問題が起きてから解決策を考えて悩みますが、問題の発見と同時に解決策も用意しておくことが原田塾の大きな特徴になっています。これは私が、陽明学の考え方や、世界のTOYOTAの「カイゼン」から学んだ発想です。

未来を予測・予言して洗い出した〈予想される問題点〉の答え〈解決策〉は、必ずその人自身の中に見つかります。「問題は発生と同時に答えを背負っている」。これは間違いありません。20年間3万人を指導してきた中で、本人の中に答えがなかった例は1件もないのです。

失敗を繰り返している人は、答えを知ると、やらなければならなくなるから、知らないふりをして逃げているだけなのです。あるいは、被害者意識で人のせいにしているかです。しかしこういう人は、不成功に終わる確率が極端に高いことが分かっています。なぜなら後悔や被害者意識は、「心のつぼ」の元気の量を減らしてしまうからです。

その反対に、「心、技、体、生活、その他」について数多くの〈予想される問題点〉を見つけることができ、それを上回る数の〈解決策〉を用意できた人は、「準備力」の高い人、「危機管理」に長《た》けた人、「成功のプロ」に近づいた人です。

目標に立ちふさがる〈予想される問題点〉を予測・予言し、それに対する〈解決策〉も考えることができたら、あとは後述する行動目標（〈期日目標〉と〈ルーティン目標〉）を実行することで、それぞれの問題点にミサイルを撃ち込んで1つずつ取り除けば成功にリーチすること間違いなしです。

〈予想される問題点〉と〈解決策〉それぞれの数は、最低でも両者がイコールでなければ

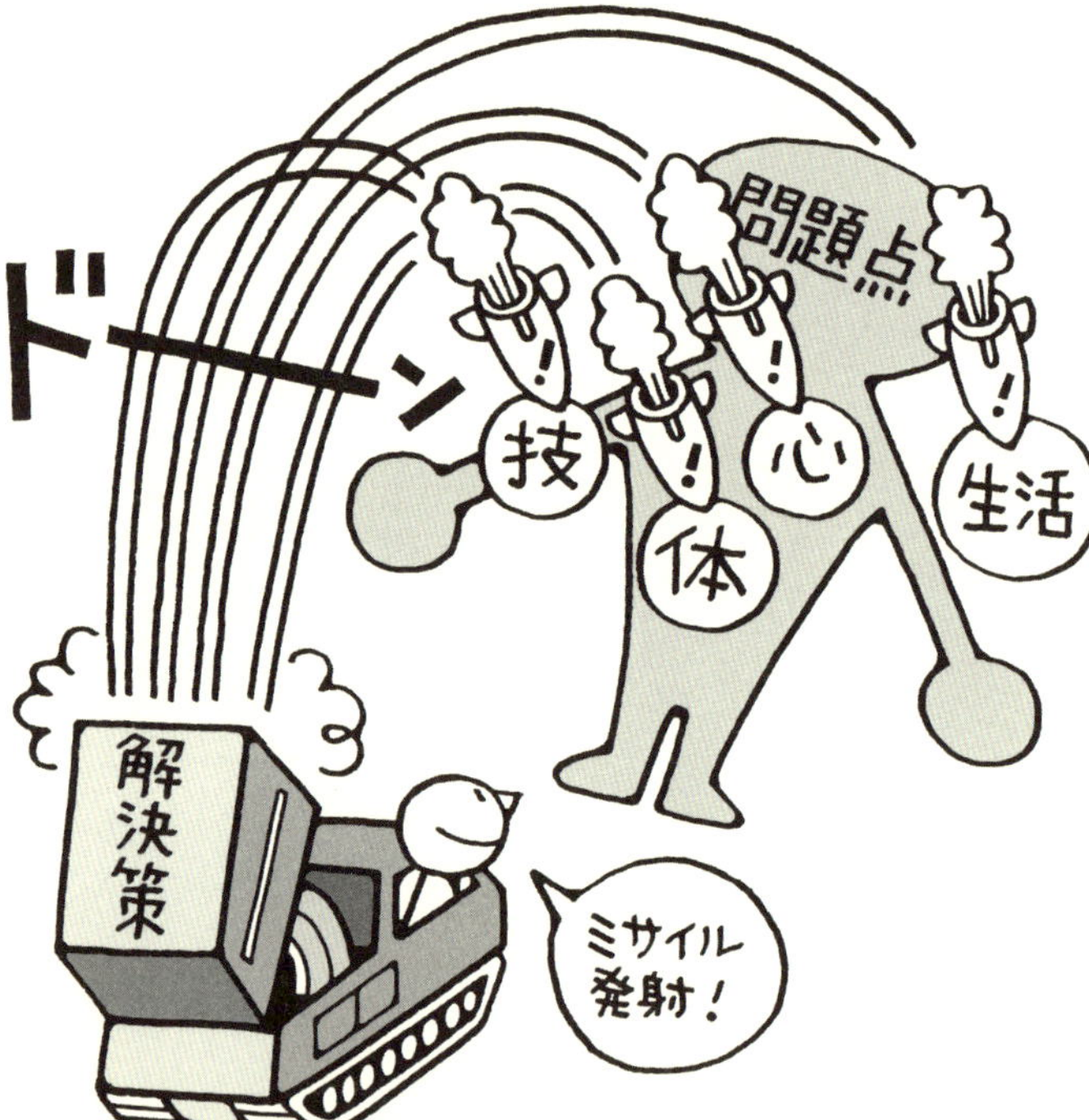

未来に起こりうる問題を予測し、解決策のミサイルを発射!! 事前に障害を取り除いておく。

なりません。たとえば「体」の観点で3つ〔予想される問題点〕を書いたら、〔解決策〕も最低3つ。準備力が高い人は、〔解決策〕の項目のほうが多くなります。

たとえば、「試合前に下痢になりやすい」という問題が予測されたとしたら、下痢をしないためにどうすればいいか、食生活に気をつける、冷たいアイスは我慢する、食後には整腸剤を飲む。緊張からくる精神的な下痢であれば、メンタルトレーニングを取り入れるなど、いくらでも出てきます。さらに、もし下痢になったときにはどうするかも考えておきます。試合場に下痢止め薬を必ず持って行く、冷たいドリンクはやめて温かいお茶を持って行く、トイレの場所の下見をしておく……。ちょっと考えただけでも、「試合前に下痢になりやすい」という問題点ひとつに、これだけの〔解決策〕が見つかるのです。

未来の予測・予言に対しての準備力の高い人は、成功にリーチする確率が高い人です。「成功のプロ」を目指すあなたも、自分自身としっかり向き合って、徹底的に洗い出してみてください！

書いてみよう13

2週間後の目標達成を目指す上で、今〔予想される問題点〕を5つの共通観点それぞれについて洗い出してみてください。

心
技
体
生活
その他

書いてみよう14

《13》で書き出した予想される問題点に対応させて、その解決策まで事前に考えてしまいましょう。

心
技
体
生活
その他

――コンフォート・ゾーンの上限近くで、常に力を発揮できる自分をつくる

〔成功の分析〕、〔失敗の分析〕、〔予想される問題点〕、〔解決策〕の洗い出しは終わりましたか。原田塾ではこの4つのステップすべてを合わせて「成功のための自己分析」と呼んでいます。分析のない準備、準備のともなわない分析をいくらやっても成功にリーチすることはできないのです。

そして、この4つの分析に取り組んでみると、おもしろいことに気づくはずです。〔成功の分析〕をやればやるほど、〔解決策〕の精度が上がってくるのです。分析ができているかどうかは項目数で判断できますから、《書いてみよう11》～《書いてみよう14》に取り組むときは、①②③④⑤と番号を打って数を数えてください。

とはいえ、〔成功の分析〕と〔解決策〕については、はじめのうちはよく書けて10個ずつです。しかし、2週間後の目標に何度もチャレンジして、4つの分析を繰り返しているうちに、だんだんと書ける数は増えていきます。もし20個ずつ書けるようになったら、その時点で相当レベルが高くなっていると自信を持ってください。

原田塾ではこれを「40個原則」と呼んでいますが、〔成功の分析〕と〔解決策〕が合計40

最高の自分
分析
最低の自分
予想される問題点
準備
解決策
分析と準備がなければ真の自己分析とは言えない!!

個以上書けている人は、気づき力、準備力が高い証拠です。したがって成功にリーチする確率が飛躍的に高まります。みなさんも目標設定の回を重ねるごとに、できるだけたくさん書けるように頑張ってください。また合計が40個になったとき、不思議と行動目標（期日目標）と〈ルーティン目標〉の精度が高まってきます。そのことからも、一気に成功にリーチしやすくなるのです。

ちなみに、私がエクセレント教師を育てるために大阪、東京などで主宰している教師塾では、「長期目標設定用紙」（付録I、12ページ参照）の中の、〈成功の分析〉と〈解決策〉の項目が合わせて40個以上ない場合は、差し戻して書き直させています。

厳しいですね。しかし、成功のプロを目指すなら、〈成功の分析〉20個、〈解決策〉20個が目標です。また2つ合わせて50個書けたら、さらにエクセレントです。20年間に3万人、子どもから大人までたくさんの人を指導してきましたが、30個、40個、50個と項目数が増えていくにしたがい、成功にリーチする確率も高まっていきました。

また上級編ですが、慣れてきたら「成功のための自己分析」を、「心、技、体、生活、その他」のどれか1項目に絞って行う方法もあります。たとえば、2週間後の目標に何度か挑戦してみて、いつもメンタル面が弱点になっていると分かったら、「心」について集中的に4つの分析を行う。生活習慣や生活態度の問題があると分かったら、「生活」だけに照準を絞って徹底的に繰り返す。これは、弱点の克服にも使える技術なのです。

世の中に目標設定の方法論はいろいろありますが、これら4つの「成功のための分析」、それも「心、技、体、生活、その他」という人類共通の観点を取り入れたものは他にありません。ここが過去の分析、未来への準備を集大成した「成功の技術」の特徴です。

この「成功のための自己分析」の4つのステップの関係を理解したところで、《書いてみよう11》から《書いてみよう14》のワークで書いたことを振り返ってみてください。それぞれがきちんと関連づけられているかを確認し、「成功のための自己分析」の精度を高めておきましょう。

「成功のプロ」とは、自ら夢を描き、それを目標に変え、方法を考えて、自分でやれる人間と定義しました。「方法を考える」の部分をさらに細かく見ていくと、「完璧な準備ができて」、「常にコンフォート・ゾーンの上限近くで力を発揮している」と言えることが、ここまでの説明で分かったと思います。

「成功のための自己分析」は、自分と向き合うことに慣れていない人にとっては大変な作業だと思います。しかし、決して難しいことではありません。しっかり考えて、できるだけたくさん書けるように努力しましょう。

次からは、行動目標〈期日目標〉、〈ルーティン目標〉の設定に取りかかります。成功への階段を、さらにもう1段上がりましょう！

ポイント！

①「成功のための自己分析」の仕上げは危機管理。最低最悪の状態を予想して、強烈な準備をし、いざ問題が起きても楽観的に対応できるようにしておくこと。

②問題は発生と同時に答えを背負っている。過去の失敗例の分析をヒントに、予想される問題点を洗い出し、解決策まで用意しておく。

③〈予想される問題点〉に対して、それを上回る数の〈解決策〉を用意できる人は、「準備力」が高い人、つまり「成功のプロ」に近い人。

コラム④

思考のトビラを最大限に開くには①

教師塾や企業人塾では、講義のポイントを付せんにメモすることを指導しています。ノートにメモするよりも、後で見直してポイントを整理するのに有効だからです。講義中に何度か付せん整理の時間をとり、重要と思われるものを取り出して、優先度の高い順に並べる作業を行っています。

本書で、あなたが《書いてみよう》のワークに取り組む際にも、この付せん活用法を使いましょう。まず、思いついたことすべてを、ランダムでいいから付せんに書き出します。

書き終わったら重要なものから順に並べ、書くべきことを決めてから《書いてみよう》の欄に記入するようにしてください。頭の中身が整理され、思考がさらに深まります。そして、精度が高い文章が書けるようになっていくのです。

Do

できることの継続とやり切りで心を強くする

行動目標には2種類ある！

〈予想される問題点〉の洗い出しと、〈解決策〉の用意は終わりましたか。なかなか大変な作業だったと思いますが、〈解決策〉が見えてきたことで「2週間後の目標が達成できそうだ」という予感、期待が高まってきたのではないでしょうか。

しかし、せっかく考えた〈解決策〉も具体的な行動目標に落とし込んで、それを実行しなければ意味がありません。完璧な準備の仕上げと「自分でやる」第一歩は、具体的な行動目標を立てることです。〈解決策〉を有効にするために、何をすればいいのかをこれから学んでいきましょう。

まず、《書いてみよう10》で書いた「2週間後の目標達成のためにやるべきこと」を見直してみてください。「成功のための自己分析」を行った後に見ると、未熟なものに映るかもしれませんが、今はひとまずその問題は置いておきます。ここでチェックするのは、きちんと整理して列挙してあるかどうかです。

たとえば、資格試験合格を目標にしている人の場合で考えてみましょう。「1日最低2時間勉強！」、「参考書を読み終える」、「問題集を2冊やり終える」、「スクール講座は絶対に休まない」……。立派な目標ですね。普段、目標を意識していない人だったら、このレベルでも書くことはできません。

しかし「成功のプロ」から見たら、残念ながら合格点以下です。

どこが間違っているのでしょうか？

理由は2種類の行動目標が渾然《こんぜん》一体となっているため分かりにくく、それぞれの行動をチェックして評価・検証することが困難だからです。行動目標の精度を上げて、より実行しやすくするために、原田塾では行動目標をその方法論から次の2つに分けてとらえています。

① 〔期日目標〕

「いついつまでにやる」と期限を決めて取り組む具体的な行動

②〈ルーティン目標〉

「毎日やり続ける」具体的な行動

行動目標をこのように分類整理することで、やるべきことが頭に入りやすく、やり忘れややりそこねが減ります。また期限や回数などを決めておけば、できたかどうかの評価・検証がやりやすくなるのです。

ちなみに先ほど例にあげた人の場合だと、「参考書を読み終える」、「問題集を2冊やり終える」が〈期日目標〉にあたります。もちろん、正しくは「〇月〇日までに」をプラスしなくてはいけないことは言うまでもありません。

「1日最低2時間勉強!」、「スクール講座は絶対に休まない」は〈ルーティン目標〉です。ただし「1日2時間勉強!」、「毎日のスクール講座に必ず出席」としたほうが、〈ルーティン目標〉として、より適正な書き方になります。

〈期日目標〉、〈ルーティン目標〉のより深い意味合いと、それぞれの立て方、ポイントは次ページ以降で説明していきます。とりあえず、ここでは行動目標には2種類ある、それは〈期日目標〉と〈ルーティン目標〉である、ということを頭に入れておいてください。

ポイント!

① 行動目標には2種類ある。〈ア〉期限を決めて取り組む〈期日目標〉と、〈イ〉毎日反復して継続する〈ルーティン目標〉である。
② 行動目標を2種類に分類整理することで、やるべきことにかたよりや抜けがなくなり、チェックもしやすくなる。

――期日目標を立てる

〈期日目標〉は読んで字のごとし、「いついつまでにやる」と期日を決めて取り組む、具体的な行動目標です。

みなさんは、最初の《書いてみよう》で〈今日の日付〉と〈目標達成の期日（2週間後の日付）〉を書きました。なぜ10年先、20年先の日付にしなかったのか覚えていますか？1つの理由は、そんな遠い先のことは具体的かつ鮮明にイメージしにくいから。もう1つの理由が、目の前のできることの積み重ねが、大きな成功に結びつくという「スモールステップの原則」からでした。

〔期日目標〕は、その「スモールステップの原則」にのっとった行動目標です。

みなさんの中には、「天才」と呼ばれる人たちが最初から図抜けた能力を持っていて、いきなりジャンプアップで、一直線に大成功にリーチしたような錯覚をしている人がいると思います。

私も最初はそうだと思っていました。才能ある選手は、ある日突然花開くと勘違いしていたのです。

しかし、それは大きな間違いでした。

オリンピックの金メダリスト、偉人、成功者を徹底的に分析した結果、そうではないことが分かったのです。一直線に見える彼らの成功への道のりを虫メガネでのぞくように調べてみたら驚きました。〝肉眼では見えないくらい〟細かい階段を毎日着実にのぼり、小さな成功へのリーチを繰り返していたのです。

つまり、5パーセントの「成功のプロ」、大きな目標を達成できる人ほど、たくさんの小さな目標を設定し、期日までに確実に達成していたのです。

これから〔期日目標〕の具体的な立て方に入っていきますが、まずは〔期日目標〕が、成功への階段の1段1段にあたるもので、その数が多ければ多いほど目標達成がしやすく

いきなりジャンプアップして成功を手にする人間などいない。真の成功者は、無数の目標達成を繰り返し、スモールステップを毎日着実にのぼっている！

なるものだということを理解しておいてください。

成功の技術◆リーチ7
経過目標と期日目標で、成功への階段を細分化

〔期日目標〕は目標達成までの期間を細分化することで立てていきます。しかしみなさんは「成功のプロ」ではありません。2週間という短い期間といえども、目標達成に続く毎日毎日の細かい階段を鮮明にイメージするのは難しいでしょう。

そこで〔期日目標〕を立てる前に、今日の日付から目標達成期日までの間（ここでは2週間です）に大きな階段を4つつくり、それぞれに日付を入れてください。日付はほぼ等間隔になるようにします。

日付が入れられたら、その日までに達成する具体的な目標（方法ではありません）を書き込みます。目標達成期日までの期間を、ざっくりと4つの大きめのスモールステップに分けることで、〔期日目標〕を立てやすくするわけです。

原田塾ではこの3つの目標を〔経過目標〕と呼んでいますが、これは〔期日目標〕を立

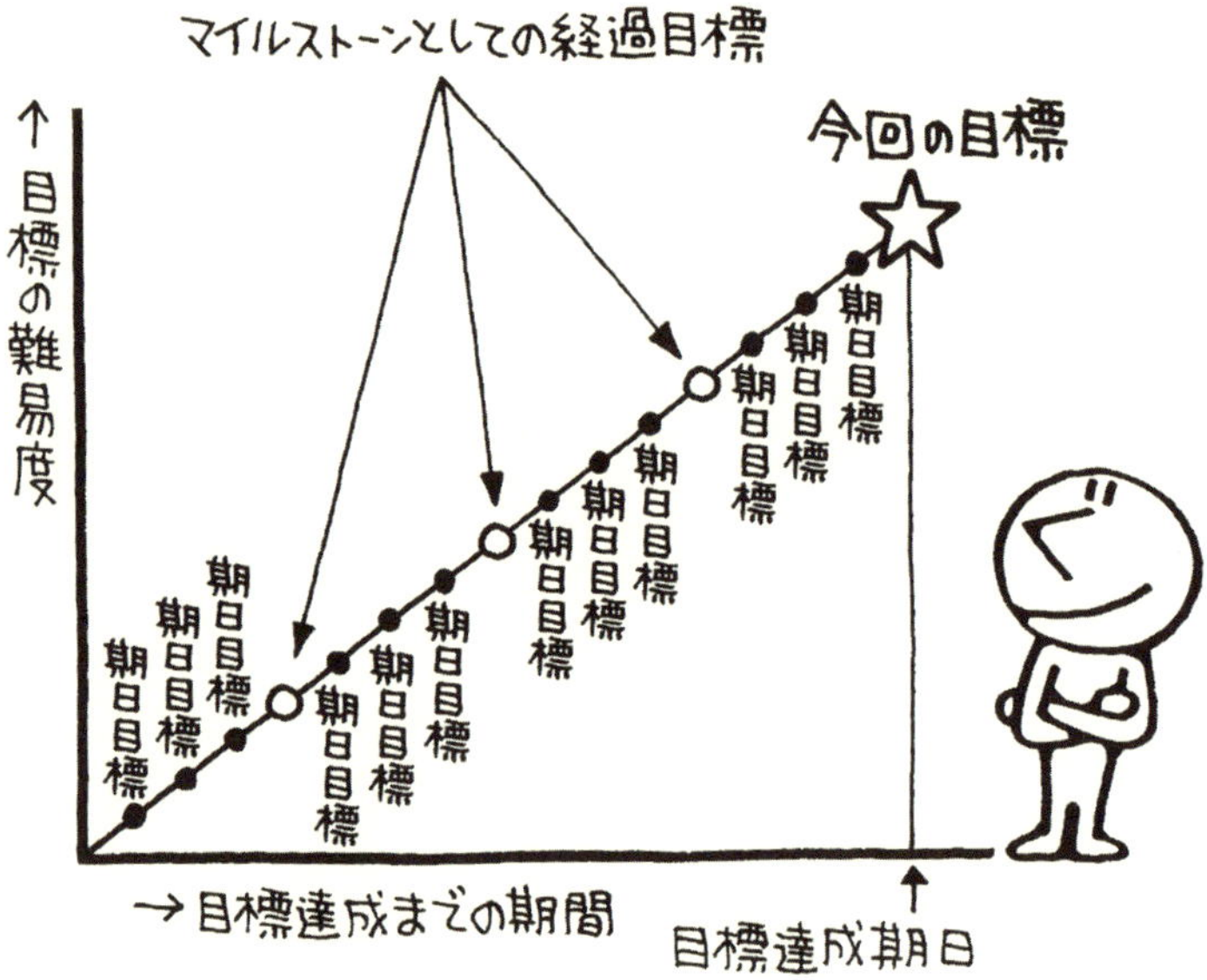

やると決めた日から目標達成期日までの期間を、［経過目標］と［期日目標］とで細分化。成功にリーチする細かな階段をつくる。

てやすくするためだけのものではなく、2週間後の目標達成期日までのマイルストーン〔道しるべ〕となるものです。〔経過目標〕は道に迷わず階段をのぼって行く目印であると同時に、一歩立ち止まって、それまでの行動の確認、計画の進捗状況を確認するチェックポイントです。

目標達成までの期間を分割して3つの〔経過目標〕が立てられたら、スタート日から最初のマイルストーンまでの期間をさらに細かく分けて〔期日目標〕を立てていってください。次は最初のマイルストーンから2番目のマイルストーンの間、その次は2番目のマイルストーンから3番目のマイルストーンの間、最後に3番目のマイルストーンから〔目標達成期日〕の間までと〔期日目標〕を積み重ねていったら、2週間後までの階段はできあがりです。

忘れてはならないのは、〔期日目標〕は必ず期日順に並べることです。期日順にしておかなかったら、のぼったりおりたりするデコボコ道です。階段にはなりません。何度も言うようですが、成功への道のりは、できるだけ具体的かつ鮮明にイメージできることが大切です。2週間後までの階段を頭の中に鮮明に描くためには、〔期日目標〕も、スタートからゴールに向かって、順番に整然と並べておかなければならないのです。

期日目標が期日順に並んでいれば…

期日目標が期日順に並んでいないと…

ポイント！

①〔期日目標〕は成功への階段の1段1段にあたる。多ければ多いほど、目標達成の確率は高まる。

②「成功のプロ」はジャンプアップで、自分を成功にリーチさせたわけではない。大きな成功を実現できる人ほど、無数の細かい階段を毎日1段ずつ、少しずつ着実にのぼっている。

――ルーティン目標を立てる

〔期日目標〕は期日までに「やり切る」ことに重きを置いた目標でした。これに対して、もうひとつの〔ルーティン目標〕は「繰り返しやる、毎日やり続ける」ことに重点を置いた目標と理解してください。だから、最初は無理をしないで、確実にできることを書いて、実践していくことが大切です。

プロローグでも述べましたが、オリンピックの金メダリストを分析することで、強い選手ほど「心・技・体」の中でも「心」を重視してきたことを知った私は、生徒たちを成功にリーチさせるために、心づくりと目標設定の2つを軸にした指導を行いました。〈ルーティン目標〉はこの指導方針が最もよく表れている「成功の技術」です。

松虫中に赴任して5年目、ある女子生徒が砲丸投げで日本一になりました。そのとき、試合後のインタビューで優勝の理由を聞かれた彼女はこう答えました。

「私は皿洗いと部活動を毎日、休みませんでした」

まわりの人はあ然としていましたが、〈ルーティン目標〉を立ててやり続ける意味のすべてを、彼女のこの一言が表しています。

砲丸投げの技術を高めることと、皿洗いは直接関係ありません。スキルだけにとらわれていたら、彼女の言葉の意味は理解できません。「毎日、皿洗いをする」という目標を立てて、毎日休まずに続けたことで彼女の何かが変わったのです。

それは「心」です。

〝ちょっと変えたら、大きく変わった〟のです。

皿洗いを毎日続けたことで、心が強くなりました。毎日休まずに続けられたという達成感から、「私はできる!」という自信を持ちました。そして彼女は、「できる自分」、「やり続けられる自分」に主体変容(自ら変化)したのです。

また、「皿洗い」という活動の実践が彼女の身のまわりから「汚れ、すさみ」を取りさり、彼女の「心」がきれいになったのです。

一般的に、人間の心は困難な状況を乗り超えたときに強くなると思われています。しかし、そうではないのです。難しいことへの挑戦ではなく、今の自分の力でできることを継続し続けることでも人間の心は強くなるのです。皿洗いであれば、あなたでも今日からはじめることができます。

1つ1つの行動はほんのささいなことだとしても、ちりも積もれば山となるように、大きな変化を生み出していくのです。

〝ちょっと変えたら、大きく変わる〟。この言葉が持っている意味を、〔ルーティン目標〕を立てるときには決して忘れないようにしましょう。

成功の技術◆リーチ8
ルーティン目標で、目標のかたよりや抜けを防ぐ

もちろん〔ルーティン目標〕には、「心づくり」だけでなく、目標を達成する上で自分に足りないものを埋めていく意味もあります。ですから〔ルーティン目標〕を立てるときには、「心、技、体、生活、その他」5つの共通観点にわたって必要な目標を考えてみましょう。

その際、「家庭内（生活面）」と「家庭外（ビジネスマンならば「仕事面」、学生ならば「学校面」など）」に分けて、それぞれについて〔ルーティン目標〕を立てるようにしてください。そうすることで、目標のかたよりや抜けを防ぐことができるからです。

目標設定の初心者の場合、そうやって分けないと、1つ目に「1日30枚、お客様に感謝状を書く」と書き、2つ目に「毎日フィットネスクラブに1時間行く」、3つ目に「毎日、皿洗いをする」と、仕事面、生活面がごちゃごちゃになってしまいます。

〔ルーティン目標〕を、「家庭内（生活面）」と「家庭外（仕事面・学校面）」の2つに分けて書き出せたら、その次には優先順位をつけて、常に優先順位の高い行動から実践していくことが大切です。

これを原田塾では「おかず理論」と呼んでいます。

日本人の多くはご飯を食べるときに、大好きなおかずを最後にとっておく傾向が強いようです。いたずらで、残っていたおかずを食べたりしたらもう大変です。

しかし、限られた時間内で成果を上げようと思ったら、好物（重要事項）を後にとっておいてはいけません。万が一時間が足りなくなったときの被害を最小限におさえるために、重要なことからまず手をつけなければならないのです。

〔期日目標〕と〔ルーティン目標〕の意味は理解できましたか？　理解できたら、さっそく《書いてみよう15～17》に記入して、すぐに実践してください。なぜなら、あなたの目標達成へのチャレンジは、もうはじまっているのですから。最初は大変かもしれませんが、頑張ってやりましょう。あなたならきっとできます！

ポイント！

①〔ルーティン目標〕は、繰り返しやり続けることが重要である。はじめから無理な目標を立てず、できることから実践していく。

②ちょっと変えたら、大きく変わった。できることの継続とやり切りで、心が強くなり、自分が変わる。

③〔ルーティン目標〕は優先順位をつけて並べ替え、常に優先順位の高い行動から実践する。

書いてみよう15

〔目標達成期日〕までの期間に、大きな3つの階段をつくって、それぞれに日付と〔経過目標〕を書いてみてください。

（　）月（　）日	→	（　）月（　）日	→	（　）月（　）日

書いてみよう16

「いついつまでにやる」と期限を決めて取り組む〔期日目標〕を書いてみてください。

　できるだけたくさん書けるように頑張ってください。〔期日目標〕で10個以上書けたら、目標設定の初心者としてはエクセレントです。

行動	期日
①	/　まで
②	/　まで
③	/　まで
④	/　まで
⑤	/　まで
⑥	/　まで
⑦	/　まで
⑧	/　まで
⑨	/　まで
⑩	/　まで

書いてみよう17

毎日やる必要がある、あるいは毎日やると決めた〔ルーティン目標〕を書いてみてください。

《書いてみよう17》はできるだけたくさん書けるように頑張ってください。〔ルーティン目標　家庭内（生活面）〕、〔ルーティン目標　家庭外（仕事面・学校面）〕でそれぞれ5個以上書けたら、初心者としてはエクセレントです。

〔ルーティン目標〕は毎日続けることが重要でした。原田塾では〔ルーティン目標〕のほか、後述するさまざまな「成功の技術」を作動させるための専用ツール「ルーティンチェック表（付録II）」を用意しています。《書いてみよう17》を書いたら、さっそく、「ルーティンチェック表」に転記して実践しましょう。上から優先順位の高い順に並べて書くことを忘れないでください。

〔ルーティン目標　家庭内（生活面）〕

① 私は、

② 私は、

③ 私は、

④ 私は、

⑤ 私は、

〔ルーティン目標　家庭外（仕事面・学校面）〕

⑥ 私は、

⑦ 私は、

⑧ 私は、

⑨ 私は、

⑩ 私は、

いかがでしたか？　ここで《書いてみよう10》で書いた、「目標達成のためにやること」を振り返ってみてください。

《書いてみよう10》では、ちゃんとした行動目標を書いたつもりだったかもしれませんが、《書いてみよう15～17》を終えた後で見ると、まったく準備力が不足していたことが分かるはずです。

しかし、がっかりすることはありません。ここまでのさまざまなワークを通じて、あなたは今まで見たこともないほど立派な〈今回の目標〉、〈経過目標〉、〈期日目標〉、〈ルーティン目標〉が立てられているではないですか！

あなたはすでに目標設定ができなかった自分から、目標設定ができる自分に変わっているのです。「成功のプロ」に向けての主体変容は、もうはじまっているのです。

そして、〈期日目標〉を達成することで、「できる自分」に自信がつきます。〈ルーティン目標〉は継続できた日にちの長さ、回数の多さに比例して、心が強く育ちます。皿洗いでも千日休まずに続ければ、あなたは別人になっています。

継続するためには、何かと理由をつけてさぼろうとする自分と闘わなければなりません。

「敵は誰ですか？」

「さぼりそうになる自分です！」

この合い言葉を胸に、行動目標に取り組んでいってください。あなたなら必ずやり切ることができるはずです！

☑第2章のまとめ

□ 行動目標とは、①期限を決めて取り組む〈期日目標〉と、②毎日反復して継続する〈ルーティン目標〉である。

□ 〈期日目標〉は、必ず期日順に並べ替えておく。〈ルーティン目標〉は、常に優先順位の高い行動から手をつけて実践する。

□ 〈期日目標〉は成功への階段の1段1段にあたる。数が多ければ多いほど、成功にリーチする確率は高まる。

□ 〈ルーティン目標〉の継続とやり切りが、心を強くする。ちょっと変えれば、大きく変わる！

コラム⑤
思考のトビラを最大限に開くには②

さらに思考を深めたい人は、次のような方法を試してみてください。まずイラストのような9個のマスを用意し、真ん中のマスに考えるテーマ（《書いてみよう11》なら「最高の自分」）を書きます。そして、周囲の残り8マス（思考のトビラ）に1つずつ、①から時計まわりに成功した理由を書き出してみてください。8個に足りない場合は、マス目に斜線を引いておきます。

最初のうちは8個のトビラを開くのもきついと思いますが、続けていれば斜線の数が減っていきます。慣れてきたら書き出した8個それぞれにつき、さらに同じ作業を行って合計64個の「思考のトビラ」を開けることに挑戦してみましょう。ここまでできたら、あなたの思考は相当深まり、より具体的になっているはずです。

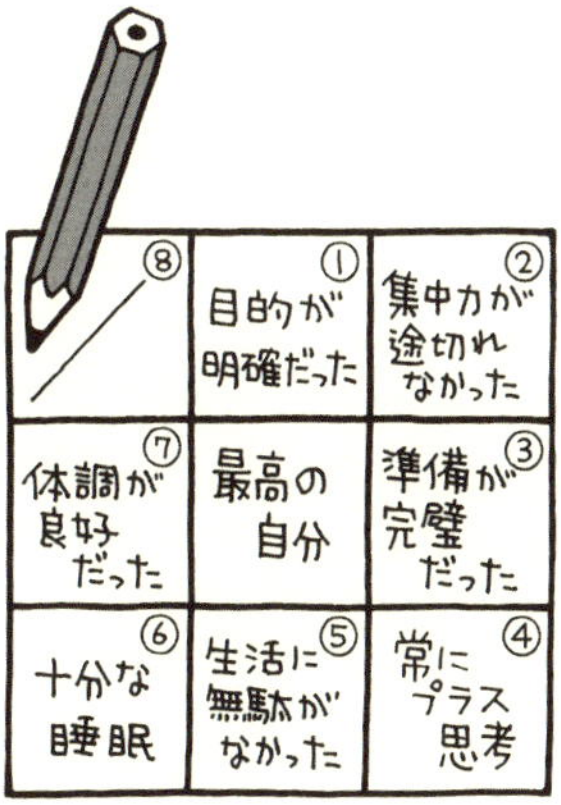

ちなみに教師塾や企業人塾では、8個のトビラを2分30秒で開けるトレーニングを行っており、時間内に8個開ける人を〝基礎思考〟のある人、20分で64個開ける人を〝実践思考〟のある人と呼んでいます。〝実践思考〟のある人が「成功のプロ」であることは言うまでもありません。

第3章

成功のための心づくり

See

考察と手入れで心を整理する

手入れを怠ると思いは枯れる、目標（夢）は腐る、劣化する

ここまでたくさんの《書いてみよう》のワークを重ねてきました。〔今日の日付〕を入れるところから目標設定をはじめ、2週間後に達成する〔今回の目標〕を立てました。さらに4つの「成功のための分析」が終わり、〔期日目標〕と〔ルーティン目標〕も設定できました。目標までのマイルストーン〔経過目標〕もしっかり打ち込んでおきました。頑張りましたね。

目標設定完了、方法も考えて準備も整いました。

あと何が必要なのかといったら、普通は、

「あとはやるだけだ！」

「やる気と根気、根性だ！」

となります。

しかし行動に移る前に頭にたたき込んでほしいのは、世の中の95パーセント、いつも失敗する人には3種類の失敗パターンがあるという事実です。

第1の失敗パターンは、当たり前ですが〝最初から目標がない人〟。目標がないのですから、それを達成できるはずがありません。走り出すことすらできません。やみくもに突っ走っている人も見受けられますが、ゴールが見えていないのだから、ゴールテープを切ることは永遠にあり得ません。

ここまで《書いてみよう》を重ねてきた今のあなたは、軽くこのレベルは超えています。ところが、目標設定をして、方法も考えて、成功に向かって走り出したのに、途中でうまくいかなくなる人というのも存在するのです。それが第2、第3の失敗パターンです。

第2の失敗パターンは、〝途中で目標を忘れてしまった人〟。

「そんなバカな!? 自分で決めた目標じゃないの?」

驚きますね。しかし、人間は自分で設定した目標を忘れてしまうことがあるのです。

失敗パターンの第3は、〝目標をあきらめて途中放棄してしまう人〟です。理由は、自らのエネルギーややる気、「心のつぼ」の元気の量が減ってしまったからです。

「成功には何が必要か？」と問われて、日本のエクセレント経営者の一人、松下幸之助さんはこう答えています。

「成功するまであきらめないことだ」

まさに至言です。

いくら目標が鮮明にイメージできていても、いくら未来を予測・予言しておいても、成功にリーチし続ける心の強さがなければならないのです。

「目標を忘れたり、目標を途中であきらめてしまうことがある」。この誰にでも共通する〈予想される問題点〉に対して、「成功のプロ」ならどうすればいいのでしょうか？

そうです。問題が起こってからあわてるのではなく、〈解決策〉を考えてミサイルを撃ち込んでおくのです。それがこの章で学んでいく、「考察と手入れで心を整理する（See）」ということなのです。

やる気に満ちたあなたは、よもやそんなことはないと思いますが、目標の忘却、目標の途中放棄という最低最悪の事態を予想して〈解決策〉を用意しておきましょう。

具体的な方法はこの章で少しずつ紹介していきますので、ここでは基本的な考え方だけを、まず理解しておいてください。

夢の源泉になる思いや志、目標を持ち続けるためのやる気を維持・継続する方法とは何か？　それは、目標（夢）の手入れを怠らないことです。どんなにきれいな花でも、手入れを忘れたらすぐに枯れてしまいます。水をやり、雑草を抜き、肥料をやるなど手をかけることで、いつまでも美しい花を咲かすことができるのです。

夢や目標も同じです。

手入れを怠ると思いは腐る、目標（夢）は枯れる、劣化する。

最低最悪の状況を予想して、強烈な準備をし、楽観的に対応する。「危機管理」の基本はすでに述べてきたとおりです。

あなたの大切な思いを大きく花開かせるために、さっそく準備に入りましょう！

成功の技術◆リーチ9
幾重ものセルフコントロールで、目標を腐らせない

方法①　目につきやすいあらゆる場所に目標を張る

「成功のプロ」になると決めたあなたは、ここまでの《書いてみよう》のワークで、1つ

1つしっかり〝書いて〟きたと思います。『成功の教科書』が書くことにこだわった教科書だからです。「書いた文字」はあなたの思考そのものです。何度も書いて文字に書き表すことで、あなたの成功のイメージは強化されてきたはずです。

さらに、【成功の技術】リーチ3にもとづき〔今回の目標〕を決めたときや、【成功の技術】リーチ7に従って〔経過目標〕や〔期日目標〕を立てたときには、山やグラフなどの図に表して考えてきました。視覚化することが、イメージの強化に有効な手段だったからです。

今度は、書くことや視覚化することで強化してきたイメージを、潜在意識に定着させるために、これまでの《書いてみよう》のワークで書いてきたことを1枚の紙にまとめて、目につきやすいあらゆる場所に張り出します。

これが目標を腐らせないための第1の方法「ビジュアライゼーション」です。

みなさんも受験勉強や部活動の大きな大会の前などに、目標を紙に書いて自分の部屋や教室、部室などに張ったことがあると思います。

「根性！」

「死ぬ気で頑張れ！」

「試験まであと○日」

しかし、たいていは本番前にはがれ落ちてしまったり、終わった後も張りっぱなしにしていて、大掃除のときなどに日に焼けた黄ばんだ姿で発見されたりします。張ったことで満足してしまった結果です。何の役にも立っていません。

原田塾の〝張る〟は違います。張って見る。そして、いつも見ることを意味します。

机の前に張る、トイレのドアに張る、ベッドの上の天井に張る、玄関ドアに張る、部屋のドアに張る、食卓の前の壁に張る、会社のデスクに張る、会社のロッカーに張る。そして毎日見る。起きて見る、寝る前に見る、出かける前に見る、帰宅したら見る……。

ありとあらゆる場所に目標を張って、機会があるごとに見る。ここまでやったら、いくら忘れっぽいあなたでも、よもや目標を忘れてしまう恐れはないでしょう。

方法② 人に伝えて自分を追い込む

「ビッグマウス」と呼ばれるスポーツ選手を見かけることがあります。不言実行が好まれる日本ではあまり良しとされませんが、世界の一流選手の中には〝大きなこと〟を公言してはばからず、実際に高い目標を達成している人がたくさんいます。

〝大きなこと〟が言えるのは、彼らがほんとうに高い目標設定をしていて、「成功する」と決めている自信の表れです。しかし、〝大きなこと〟を公言するのには、もうひとつ意味があります。それは、自分の目標をあらかじめたくさんの人に伝えることで、自分を追い込んでいるのです。ここまで言ったら絶対に負けられないという負けん気、負けて大笑いされたくないという名誉心など、自分を追い込むことで目標達成の意欲が高まり、成功にリーチする確率を高める効果があることを知っているのです。

あなたも〔今回の目標〕を紙に書いてまわりの人に配ってください。「できなかったら、両親に何言われるか分からんな」、「彼女の前で格好悪い姿は見せられないな」、「あいつに『やっぱりな』って言われるのは悔しい」……、そう思うことで、あなたの目標達成の決意は、〝不退転の決意〟に高まります。

そのときあなたは、今まで失敗しても他人や運のせいにしていた95パーセントの「被害者（意識）」から、最後まで自分で責任をとる5パーセントの「主体者、責任者（意識）」へと主体変容をはじめるのです。

そして家族や親しい人物、仲の良い友人なら、あなたが高い目標を持っていて、それをやり切る決意をしていることを知ったら、必ずアドバイスや励まし（ストローク）を与えてくれるメンターになってくれるはずです。「お前、今日の〔ルーティン目標〕終わったのか」、「あなたなら絶対できるわ」、「お前すごいな、見直したよ」……と、たくさんのメンターから「心のつぼ」に元気を注いでもらえば、やる気もどんどんアップしていくのです。

方法③　イメージを言葉にして口に出す

ビジュアライゼーションの原則から、目標をありとあらゆる場所に張って見て、目標を潜在意識にたたき込む方法は前に説明したとおりです。しかしなにかと忙しい現代、子どもも大人も、教師もビジネスマンも時間があまりありません。また目標を張れるのは自宅と会社のデスクまわりぐらいかもしれません。

気をつけていないと、「そんなに頻繁に見ていられないよ」、「いちいち面倒くさいなあ」となってしまう恐れがあります。

そこで用意しておかなければならないのが、成功のための目標設定と心づくりのすべてを一言で表す「イメージ言語」と呼ばれるものです。紙に書かれたものを最初から最後まで丹念に見る代わりに、その言葉を口に出したら全体のイメージがわくような言葉をつくっておくのです。

これなら、いつでもどこでも簡単に口にできるし、繰り返し目標を確認できます。

そして重要なのは、「イメージ言語」には2種類あるということです。それは、誰もが理解できる「共通言語」と、自分だけが理解できればいい「感覚言語」の2つです。

ですから、成功の階段をのぼりはじめる前に、周囲の人たちにも分かる外向けの共通言語として〈成功へ導く決意表明〉を、また自分だけの感覚言語として〈成功へのセルフトーク〉を決めておきましょう。

同僚と飲みに行ったら夢を語って〈成功へ導く決意表明〉、家族で食卓を囲んでいるときに、私はこんなことをするんだと〈成功へ導く決意表明〉。通勤途中でウインドウに映った自分を見て、私はやるぞという〈成功へのセルフトーク〉、トイレの鏡に映った自分に向かって、俺はできるぞという〈成功へのセルフトーク〉、といった調子で口に出すのです。

全国大会に出場した松虫中陸上部のある砲丸投げ選手の場合はこうでした。

「何があっても絶対やったる！　18メートル死ぬ気で投げたる！」――〈成功へ導く決意表明〉

「優勝、優勝、優勝、優勝、優勝、優勝！　何が何でも日本一！」――〈成功へのセルフトーク〉

この選手は、その後見事に日本一という成功にリーチしました。〝優勝〟を6回繰り返すのは、原田塾に定着している反復連打のスタイルです。「ネバー・ギブアップ」も1回ではなく、「ネバー、ネバー、ネバー、ネバー、ネバー、ネバー・ギブアップ！」と〝ネバー〟を6回繰り返す。絶対にやり切る決意を込めているのです。

教師塾に通っていた現役の先生は、こんな言葉を考えました。

「私は必ず日本一の中学教師になる！」――〈成功へ導く決意表明〉

「俺がやらねば、誰がやる。俺ならできる！」――〈成功へのセルフトーク〉

口に出した瞬間に、成功へ向かっている自分、チャレンジしている自分にスイッチが入るプラス思考の言葉をあなたも用意しましょう。そして、いつでもどこでも口に出し、夢や目標を忘れないようにやる気を高めていってください。

方法④　常に実力を発揮できるようにするために、自分なりの動作を決めておく

イチロー選手がバッターボックスに入るときの姿を思い出してください。バッターボックスに立ったイチロー選手はいつも、バットを垂直に立てた腕をピッチャーに向けて伸ばし、ユニフォームの肩をつまみます。バッターボックスに入る前に、四股《しこ》を踏むような体勢でストレッチする姿もおなじみです。

ベンチからバッターボックスに向かうイチロー選手を観察していると、一連の流れは実はいつも同じ動作になっていることに気づきます。バッターボックスまでの歩数も、各球場ごとに決まっているそうです。

この決まった動作のことを「ルーティン」と呼びます。イチロー選手は常にコンフォート・ゾーンの上限で力を発揮するための工夫として、いつも決まった動作、必ず成功する動作、つまり「ルーティン」を使っているのです。

「成功の技術」を身につける最善の方法は真似をすることでした。といっても、イチロー選手がバッターボックスに入る動作を真似ろと言っているわけではありません。「成功の技術」を真似て、あなたも自分なりの「ルーティン」をつくって欲しいのです。

何度も言っていることですが、イチロー選手と違って世の中の95パーセントの人は、コンフォート・ゾーンの間でジェットコースターのように上昇下降を繰り返しています。だから安定して結果を出すことができず、いつまでたっても真の成功を手にすることはできません。

そうならないために、ここでは元気を高め、気持ちを上に向けるための動作を決めておいてください。自分以外の何かに頼るジンクスとは違います。成功を繰り返し、元気を出すための動作を作為的に行うことで、成功へリーチする技術なのです。原田塾ではこれを〈向上ルーティン〉と呼んでいます。

成功した瞬間、人はどうなるでしょうか。笑顔が出て、顔は上向いて、元気が出て、ガッツポーズが出る。ホームランの後にはハイタッチをする。これらの動作は万国共通、すなわち〈向上ルーティン〉になり得るものです。

ビジネスマンであれば、プレゼンテーションの前にトイレの鏡で自分を見て「成功間違いなし！」と6回繰り返してセルフトーク。さらに成功したときの自分をイメージして笑顔でガッツポーズをする。ゴルフをプレイするのであれば、スイングをする前にジャンプを1回、試験にのぞむのであれば、問題用紙を開く前に両手をたたく、など。短い時間で簡単に元気が出る動作を考えてください。〈向上ルーティン〉を決めて毎日行えば、元気が出て、成功へリーチする確率がまちがいなく高まります。

しかし人には、失敗したときにも必ず行ってしまう動作があります。たとえば「チェッ」と舌打ちをする、「ジーザス」と天を仰ぐ、下を向いてうな垂れる。こうした動作も万国共通です。そしてこれらは、ほっておくと「心のすさみ」を生み、暴力的な行為、投げやりな態度、被害者意識にもつながります。

弱気になったときに両頬を平手でたたいて気合いを入れ直す。1回背伸びをして「よしっ」と言ってから再スタートする。「いかん、いかん」と頭を振ってマイナス・イメージを頭の中から振り払う……。あなたも普段、こんな動作をやっているのではないでしょうか。これが原田塾で言うところの〈切り捨てルーティン〉です。

どんどん調子が上向いて、やる気が高まってくる〈向上ルーティン〉と、失敗の流れを断ち切って、前向きな気持ちに切り替える〈切り捨てルーティン〉。この2つのルーティンを取り入れたことで松虫中陸上部は大成功しました。

決意表明やセルフトークと同様に、いつでもどこでも簡単にできる〈向上ルーティン〉と〈切り捨てルーティン〉を決めて、あなたの日々の行動を前向きなものにしてください。

さあ、すぐはじめましょう！

ポイント！

①いつも失敗する人には、次の3つのパターンがある。（ア）目標がない人、（イ）目標を忘れてしまう人、（ウ）目標を途中であきらめる人。

②手入れを怠ると思いは枯れる、目標（夢）は腐る、劣化する。

③目標（夢）を腐らせない方法を考えて実践する。

（ア）目標を紙に書いて、目につきやすいあらゆる場所に張る。

（イ）目標は他人に伝えて、自分を追い込む。

（ウ）イメージを言葉にして口に出す（決意表明、セルフトーク）。

（エ）元気が出る動作・言葉を決める（向上ルーティン・切り捨てルーティン）。

書いてみよう 18

周囲の人に自分のやる気を伝える言葉、〔成功へ導く決意表明〕を考えて、書いてみてください。

書いてみよう 19

自分を勇気づけ、ふるい立たせる言葉、〔成功へのセルフトーク〕を考えて、書いてみてください。

書いてみよう 20

常に自分の気持ちを上向きにすることができる〔向上ルーティン〕を考え、書いてみてください。

(どんな動作で)

(どんな声を出して)

(どれだけの秒数で)

書いてみよう 21

予想される心のすさみを未然に防止するための〔切り捨てルーティン〕を考え、書いてみてください。

(どんな動作で)

(どんな声を出して)

(どれだけの秒数で)

目標より得られる利益を事前に決めておく

目標を忘れたり、目標を途中であきらめてしまう理由は、目標の手入れを怠ってしまうからです。手入れを怠れば、せっかくの立派な思い、高い志は枯れ、大きな夢は腐ってしまいます。

それを防ぐため、【成功の技術】リーチ9を使って、あなたは〈成功へ導く決意表明〉、〈成功へのセルフトーク〉、〈向上ルーティン〉、〈切り捨てルーティン〉を決めました。これで、未来の壁や問題に撃ち込むミサイルを、また増やすことができたはずです。

ここではさらに強烈なミサイルを撃ち込むことで、成功へのリーチをはばむ弱い心にとどめをさしておきます。

へたりかけている人間に指導者が言うことは2種類しかありません。「おまえ、やめたらしばくぞ」と恐怖で脅すか、「頑張ったらこんなにいいことあるぞ」と目の前にニンジンをぶら下げてやる気を高めてあげるかです。

恐怖で脅す……。たしかに強烈ですね。

でも原田塾ではこちらの方法はとりません。脅しの指導は、一時的には効くかもしれませんが、結果的に「心のつぼ」の元気の量を減らし、上向いていた「心のコップ」を下に向けることになり、長期的に見たらマイナスしかもたらしません。

原田塾のみなさんが、目標を枯れさせないために自分のために用意するのはニンジンです。自分自身で用意するものですから、「自分に対するごほうび」と言ってもいいでしょう。目標を達成したときの、自分に対するごほうび＝〈目標より得られる利益〉を事前に決めておくことで、やる気を維持・継続していくのです。

物欲であっても成功のイメージを先取りできる人は強い

やる気を高めていく最大の要素は「欲」です。1つは〝有形の目標〟となる物欲。もう1つは今よりも〝立派な自分〟になりたいという願望や、成功がもたらす満足感、充実感、達成感を含めた名誉欲や成長欲などです。難しい言葉で言うと〝無形の目標〟＝人格目標・道徳目標です。大人も子どもも、男性も女性も、誰でも必ずこの物心両面にわたる欲を持っています。

物欲と聞くと、何か不純な動機のような感じがしますね。しかしあなたが目指すのは、

「成功の技術」を学び成功にリーチすることですから、そのために必要なものであれば、物欲も決して否定することはありません。目標を達成して成功を手に入れるためには、物欲は欠かすことができないものでもあるのです。

モンゴルからやってきて見事に大相撲の横綱になった朝青龍が、あるテレビ番組に出演したとき、何が彼のやる気の源泉になっているかを語っていました。アマチュア相撲をはじめたときは、きつい稽古《けいこ》にすぐ逃げ出したそうですが、お兄さんから「大相撲に入って優勝すればこんなおいしいものが食べられる、横綱になったらあんなものがもらえる」と聞いて、彼のやる気にスイッチが入ったそうです。

だから物欲は決して否定すべきものではなく、物欲であっても成功のイメージを先取りできる人は強いのです。

今あなたはどんなことを思い浮かべましたか？　「女性にもてる」、「ボーナスがもらえる」、「いい車に乗れる」……、浮かんでくるイメージを決して否定せず、できるだけ成功のイメージを強化していってください。そういうことが励みになるはずです。

成功の技術◆リーチ10
心を満たす目標の設定で、成功の確率を高める

ここまでは、物欲について説明してきましたが、〈目標より得られる利益〉は、物欲を満たすものだけではいけません。あくまでも物心両面にわたるものでなければならないのです。有形の目標である物欲と、無形の目標である人格目標の、両方が揃ってはじめて真の〈目標より得られる利益〉となるのです。

私が陸上部の指導をはじめたとき、最初に強く求めたのは物欲でした。

「おまえ、日本一になったら、高校は授業料免除で入れるから親孝行できるぞ」

「おまえ、優勝したらスパイク買ってやるぞ」

とやっていました。

しかしそれをやっていたら、生徒たちは物をもらわなければ動かないような人間になってきてしまったのです。そして周囲からは、「あの子ら強いけど、なんかえげつないわ」、「結果はすごいけど、人間的にもの足りんなあ」という噂が出てきたのです。

さすがにおかしいと感じ状況を打破する方法を探したところ、その答えも、オリンピックの金メダリスト、偉人、成功者の中に共通してあったのです。それが無形の目標＝人格目標だったのです。

たとえば、イチロー選手は数十億円を稼ぐ大リーグのスタープレーヤーですが、その前に立派な大リーガーでありたいと常に語っています。つまり、自分自身が成長した姿である人格目標をしっかり描いているのです。彼は野球教室で子どもたちに教えるとき、いきなり技術を教えたりはしません。みんなを座らせて、彼らが乱雑に置いているグローブやバットなどの道具をそろえさせます。そして技術練習よりも大切なことは、両親が買ってくれたグローブやバットなどの道具を丁寧に扱い、手入れを怠らないことだと語ります。道具を買ってもらうことよりも、両親への感謝の気持ちを行動で表せる立派な人間になることの方が大事なことを知っているからです。

そういう観点からもう一度、オリンピックの金メダリストや、歴史に残るような素晴らしいスポーツ選手、素晴らしい経営者を見てみたら、みんな巨万の富を築きながら、同時に人格向上を図っていたのです。

「これや！」と思いました。

生徒たちに、立派な中学生を目指させることがやる気アップにつながると考え、〈目標より得られる利益〉に「心」の要素を加えたら、これがずばり当たりました。

人格目標を持つことで「心がきれい」になりました。心がきれいになって「真面目、素直、一生懸命」の「心のコップ」が上向きました。

「やっぱり陸上部の子らは、ちゃんとしてるな」

「強いだけじゃなくて、立派な子らや」

まわりの人の見る目がこれまでとは変わっていきました。目標達成から得られる充実感、満足感、達成感、人間的成長によって得られる自信、周囲から認められることで得られる自己肯定感。こうしたものがどんどんプラスに働いて、成功にリーチする確率がグッと高まっていったのです。

夢（目標）の花を咲かせ続け、思いや志を新鮮なままにしておくためには、物心両面にわたって、自分に対するごほうび＝〈目標より得られる利益〉をしっかり先取りしておくことが大切だということが理解できたでしょうか？

くどいようですが無形の目標を決して忘れないでください。「成功のプロ」が一番大切にしなければならないのは「心」です！

ポイント！

① やる気を維持・継続していくために、目標を達成した自分に対するごほうび＝〔目標より得られる利益〕を事前に考えておく。それは物心両面にわたるものとする。

② 最も大切なのは心を満たす無形の目標＝人格目標・道徳目標。

③ 目標達成から得られる充実感、満足感、達成感、人間的成長によって得られる自信、周囲から認められることで得られる自己肯定感。それらによって、成功にリーチする確率は高くなる。

書いてみよう 22

〔目標より得られる利益〕について、物心両面にわたって正直に書いてください。

合計で8項目書けたら、エクセレントです。また、項目数と正比例して、やる気がアップしていきます。

物

心

Share

コンピテンシーを広め、認められる

成功は一人ではなし得ない

　NHKの『プロジェクトX』が人気です。しかし、あの番組を見て「いいなあ、感動的だなあ」と思っているだけではもったいない話です。あの番組はさまざまな壁を乗り越えて、見事にそれぞれの目標を達成した人たちの物語です。「成功のプロ」を目指すあなたは、テレビ番組の中からも成功のヒントを学びとりましょう。

　あの番組のポイントは「成功は一人ではなし得ない」ということです。プロジェクトチームのメンバー、同僚はもちろんですが、家族や先輩、友人、あるいは恩師の言葉や好きな本の一節など、困難に突き当たったとき必ず陰で支えてくれる人や言葉の存在があります。

　これまで、さまざまなワークであなたは「準備力」を高めてきましたが、実はどれだけ完璧な準備であっても、自分自身でリーチできるのは成功の97パーセントまでなのです。いくら上手に成功できる人でも、人からの援助、人からの励ましをもらわなければ、残りの3パーセントの壁を突破することはできません。

松虫中陸上部が日本一を量産したときも、いつも最後の3パーセントは、人からの援助、人からの励ましが決めていました。「お母さんに励まされた」、「担任の先生に頑張ってこいと言われた」、「地域の人からお金を集めていただいて、励みになった」ということです。あなたも思い返して見てください。目標や計画がうまくいったときには、必ずその陰に誰かの支えや励ましがあったはずです。

メンターからのストロークが成功を左右する

自分を強烈に導いてくれる人、やる気にさせてくれる人の存在を「メンター」と呼びましたね。マラソンの高橋尚子選手にとっての小出義雄監督、アテネオリンピック野球チームにとっての長嶋茂雄元監督、そしてレスリングの浜口京子選手のお父さんのアニマル浜口さんは究極のメンターです。

強い選手はみなメンターから「ストローク（励まし）」を受け、元気を注いでもらうことで、残り3パーセントの壁を突破して成功にリーチしています。他人からの励ましをたくさんもらえる人が最終的に成功者になるということが、私の20年間3万人の指導からも分かっています。

メンターは、指導者でなくても構いません。家族でも先生でも、近所のおじさんおばさんでもオーケーです。その人が、あなたの「心のつぼ」に元気を注いでくれる人なら誰もがメンターです。「心のつぼ」にどれだけ元気を注いでもらえるか。あなたのまわりにメンターが何人いるか。それが、あなたの成功を左右します。

成功の技術◆リーチ11
メンターの存在を先取りし、欲しい援助を事前に決めてしまう

完璧な準備のためにここでも予測・予言の技術を使います。

偶然の励ましや思わぬメンターの出現を期待するのではなく、「誰々から『心のつぼ』に元気を注いでもらいたい」、「誰々から助けて欲しい」ということを事前に考えて、誰から、

いつ、何が欲しいという〈目標達成のために欲しい支援者と具体的な支援内容〉を決めてしまうのです。

松虫中陸上部では「長期目標設定用紙」（付録I）のこの項目に書き出した人全員に、その用紙を届けさせています。そうすると、みなさん自分の名前が載っているから、「えっ、俺？　なるほど分かった。よっしゃ任せとき」となります。「去年、金一封をもらえてうれしかったです。今年もよろしくお願いします」と生徒が書けば、書かれたほうもうれしくなって、「日本一が目標か。よっしゃ、3万円持っていけ」と、応援してくれるようになりました。

書いてみよう23

目標達成のために、欲しい援助と具体的な支援内容について考え、書き出してみてください。

誰から	何を

――感謝の後出しは厳禁。感謝は先取りする

しかし、助けてもらっただけで満足していていいのでしょうか？　「ありがとうございます」だけで済ませていては、あまりにも都合が良すぎます。

助けること、助けてもらうこと、どちらが先でしょう。助けることが先に決まっています。

原田塾では「感謝」の後出しは厳禁です。

大切なことは、まずあなた自身から主体変容（自ら変化）して、他人の「心のつぼ」に元気を注いであげることです。身のまわりで、困っている人や助けを求めている人、弱気になっている人がいれば、元気づけ、励まし、勇気を与えてあげてください。言葉をかけて励ましたり、手紙を書いたり、しっかり話を聞いてあげたり、拍手をしてあげたり……、元気を注いであげる方法はいくらでもあります。

それが、あなたが成功にリーチするために、一番大切なことなのです。

成功の技術◆リーチ12
奉仕活動、清掃活動で感謝の気持ちを表す

20年間3万人の指導を行ってきて、結局、どのような人が周囲から助けてもらえるかといったら、「心のコップ」が上を向いている人でした。つまり「真面目、素直、一生懸命」で、陰日なたなく努力する人です。心がきれいな人は無条件で助けてもらえました。逆に決して助けてもらえないのは、裏表のある人、利己的な人です。

この事実が分かっていれば、答えは一つです。

あなたは自分自身の「心のコップ」を上に向けなければなりません。そのために行う具体的な活動が、奉仕活動、清掃活動、つまり〝心をきれいにする〟活動なのです。心がきれいな人でなければ、誰からの援助も得られるはずがありません。ましてや成功にリーチすることなどあり得ません。

そして何はさておき、成功のために一番大事なことは、きれいな心だったのです。

毎日、皿洗いを継続することで、日本一になった女子生徒の例を前に紹介しました。彼女は毎日皿洗いをすることで、心がきれいになりました。そして継続することで心が強く

なりました。奉仕活動や清掃活動は、オリンピックの金メダリスト、偉人、成功者が最も大切にしていた「心」を育てる心づくりの基本なのです。

ですから「成功のプロ」を目指すならば、まず感謝の先取りとして、奉仕活動、清掃活動を真っ先に考えられる人間にならなければいけません。大それたボランティア活動をする必要はありません。今すぐできるちょっとしたことからはじめればいいのです。皿洗いをする、風呂掃除をする、玄関の靴をそろえる、洗濯物をたたむ。そんな簡単なことでも、家族や指導者への感謝の先取りになります。

朝早く会社に行ってみんなの机を拭《ふ》く、資料棚の書類をきれいにそろえる。会社の上司や部下、同僚に対する感謝の先取りは、こんな活動でもできます。

またこういった奉仕活動、清掃活動によって、身のまわりの「すさみ」がなくなり、ますます「心」がきれいになるのです。

〈感謝のための奉仕活動〉を決めることは、成功のための〝究極の準備〟です。今すぐ決めて、今日からはじめましょう。

タイミング・イズ・マネー、変わるのは今や！

ポイント!

① 目標達成の97パーセントの部分までは自分自身でできるが、残り3パーセントの壁は他人の助けなくして突破することはできない。

② 強い選手はみな「メンター」から元気を注いでもらっている。他人からどれだけの元気を注いでもらえるかが、成功を左右する。

③ メンターの存在を先取りして、3パーセントの壁を突き崩すために欲しい援助を事前に決めて伝えておく。

④ 「成功のプロ」は感謝の気持ちの表れである「心」をきれいにするための奉仕活動・清掃活動を常に行っている。

書いてみよう24

心をきれいにする奉仕活動、清掃活動について考え、書いてみてください。

家庭内（生活面）、家庭外（仕事面・学校面）、それぞれについて考えることが大切です。

たとえば、仕事面のことを〔今回の目標〕としている人も、必ず生活面の奉仕活動も書いてください。仕事と家庭はつながっています。家族関係がしっかりしていると、仕事もよくできるということは、結局、家族から「心のつぼ」に元気を注いでもらっているのです。

家族、友人、同僚、仲間など、あなたのまわりにいるメンターのことを思い浮かべながら考えてください。

〔家庭内（生活面）〕

〔家庭外（仕事面・学校面）〕

ここまで、さまざまな角度から「成功の技術」を学んできましたが、成功のために最も大切なことは《書いてみよう24》で書いたことだと理解できたと思います。〈感謝のための奉仕活動〉なくして、成功はあり得ません。「成功のプロ」を目指すなら、主体変容して〈感謝のための奉仕活動〉を真っ先に考えられる人間になりましょう！

第3章のまとめ

□ いつも失敗する人の3つのパターン。①目標がない、②目標を忘れてしまう、③目標を途中であきらめる。

□ 手入れを怠ると思いは枯れる、目標（夢）は腐る、劣化する。

□ 目標（夢）を腐らせない方法を考えて実践する。
（1）目標を紙に書いて、目につきやすいあらゆる場所に張る。
（2）目標を他人に伝えて、自分を追い込む。
（3）イメージを言葉にして口に出す。

（4）元気が出る動作・言葉を決める。

□やる気を維持、継続させるために、物心両面にわたり「自分に対するごほうび」を用意する。最も大切なのは心を満たす無形の目標＝人格目標・道徳目標。

□他人の助けなくして成功にリーチすることはできない。家族や友人、同志など、メンターの存在を大事にする。

□「成功のプロ」とは、他人への感謝を忘れず、奉仕活動・清掃活動を考えて毎日継続できる人のこと。

第4章

成功のための日誌

日誌は究極のスモールステップ

世の中の95パーセント、いつも失敗する人は、「成功」は才能や素質、運や偶然だと勘違いをしています。だから、「自分は無理だ」とはじめからあきらめてしまうか、羨望、嫉妬《しっと》、被害者意識という悪循環にはまり込んでしまいます。

しかし第1章の冒頭でも言いましたが、成功は技術です。「成功は技術である」という真理を分かった人は、人生が開けてくると思います。目標設定、準備と実践、考察と手入れ、それぞれの意味を十分に理解して、自分でやり切ることができれば成功にリーチする確率も飛躍的に高まります。

自分でやり切る。ここが大切なことは言うまでもありません。いくら「成功の技術」を身につけても、それを作動させなかったら何も変わらないからです。

原田塾では「ルーティンチェック表」と「日誌」を使って、「成功の技術」を作動させます。どちらも一日が終わったら、その日の自分の行動をチェックし、明日の目標を確認するためのツール。究極のスモールステップです。

「ルーティンチェック表」は、〔ルーティン目標〕を中心に、できたら○、できなければ×をつけ、毎日のルーティンを○×で仕分けするために使います。

「日誌」をつける意味はもう少し幅広く、生活全般にわたる○×仕分け作業とともに、「心のつぼ」に元気を満たすための要素も入っています。

なぜ「日誌」が「成功の技術」を作動させるために重要かというと、その答えもオリンピックの金メダリスト、偉人、成功者の分析にありました。松虫中陸上部の生徒を強くしようと、オリンピックの金メダリストの共通カテゴリーをいろいろ調べてみたら、最大公約数は全員が「日誌」を書いていたことでした。

やはり、と思いました。

企業経営者、たとえば松下電器の松下幸之助さんも日誌を書いていました。京セラの稲森和夫さんもそうです。オリンピックの金メダリスト、企業経営者、偉人、成功者……、「エクセレント」と称される人は全員、必ず「日誌」を書いています。

日誌の大切さが分かったところで、成功にリーチするための原田塾の日誌とはどのようなものなのか、解説していきましょう。

成功のプロが書くべきは、日記ではなく日誌

原田塾の「日誌」の要素は大きく分けて2つ。毎日の○×仕分け作業による明日の行動目標の設定と、「心のつぼ」に元気を満たすことです。つまり「日誌」には、強烈に導いてくれるメンターがいなくても、自分で自分を成功にリーチさせる機能があるのです。

初心者は混同しやすいのですが、「日誌」と「日記」はまったく違うものです。「日記」はその日の自分の感情を「これが嫌だった、あんなことがおもしろかった」と、思いつくままに書けばいいものです。○×仕分けの要素は入っていません。

さらに問題なのは、「心のつぼ」の元気の量を減らしてしまう危険性が「日記」にはあることです。徒然《つれづれ》なるままに書いていると、結局、愚痴や弱音、被害者意識で終わってしま

い、書くたびに元気を失うような場合も多いのです。

反対に「日誌」は、「心のつぼ」に元気を満たし、心を上に向けるためのものです。だから成功にリーチするためには、「日記」ではなく「日誌」を毎日つけなければならないのです。

ポイント！

① 日記と日誌は違う。日誌とは、毎日の「できたこと」と「できなかったこと」を仕分けし、明日の目標を具体的に立てたり、「心のつぼ」に元気を満たすものでなければならない。

日誌に秘められた5つの効用

原田塾の「日誌」は、成功にリーチするための「自己メンター」の役割を持ちます。「日誌」の持つ意味が大まかに分かったところで、今度は「日誌」の中身の持つ意味をひとつひとつ解説していきます。

① 過去の仕分けと未来へのチャレンジ

「日誌」の1番目の要素は、過去の自分の仕分けです。「今日は何ができた、何ができなかった」という確認作業を、自分に対して正直に行います。そのためには、一日をスタートする時点で「今日は何をやり切るか」という目標が設定されていなければなりません。ですから、みなさんは今夜、明日やることを8個決めて、明日の日付を入れた「日誌」に記入してから寝てください。

原田塾の「日誌」では、一日の目標は8個と決まっています。なぜ、5個や10個ではないかというと、人間には、「7プラスマイナス2理論」というものがあるからです。人間は7個を規準にプラスマイナス2個のことまでなら、何とか把握して実行できるというものです。これも、私の20年間3万人の指導の結果から導き出しました。

翌日の朝起きたら、今日必ずやる目標をしっかり頭にたたき込んで一日のスタートを切ります。そして一日が終わったら、その8個について、「できたか、できなかったか」を○×で評価します。「①から⑤までできた。⑥⑦はできなかったけど、⑧はできた。よしっ、明日はできなかった⑥と⑦を絶対やるぞ！」ということで、翌日の「日誌」の今日必ずやる目標に入れていくわけです。

このとき、△はつけないでください。目標の評価は「できたか、できなかったか」、白か黒です。△はあり得ません。

今日必ずやる目標を、その日のうちに○×で確認することで、「できた！」という有能感が高まります。前日のうちに目標を決めることで「できそうだ！」という統制感が高まります。未来への不安をなくし、過去の失敗への後悔を切り捨てる。今日できなかったことの1つでもいいから、明日できるようにする。たとえ1日1個でもできることを増やしていけば、1か月で30個、365日で365個プラスの方向に主体変容（自ら変化）していくことができるのです。

今日一日は、あなたの小さな生涯です。手を抜かずにスモールステップを1段ずつのぼりましょう！

②「心のつぼ」に元気を満たす

一日の仕分けができたら、「心のつぼ」に元気を満たすために、生き方にプラスの影響を与えてくれた言葉、態度、現象について記入します。はじめのうちはなかなか書けないかもしれません。しかし毎日、意識して〝元気の素《もと》〟を探していれば、気づき力も高まって、どんどん書けるようになっていきます。

人と話したり、テレビや映画を見ていて、元気が出る言葉、勇気づけられる場面に出会ったらメモする。本を読んでいて感銘を受けた箇所に線を引く。心が上向きの人に会ったら、真似をしたい点を心に刻む。

そういったことを、毎日毎日、日誌に書きためていけば、膨大な〝元気の素〟のコレクションができあがります。これはあなたの宝物になります。「心のつぼ」の元気の量が減っているとき、会社で嫌なことがあったとき、つらくて目標を途中放棄しそうになったとき、〝元気の素〟のコレクションをひもとけば、たちまち復活。再びやる気にスイッチが入ります。

プラスの環境を自分から演出するのもいいでしょう。元気が出る友人を誘って食事に行く。あるいは、元気が出る音楽を聴いて自分で「心のつぼ」に元気を満たす「サイキング

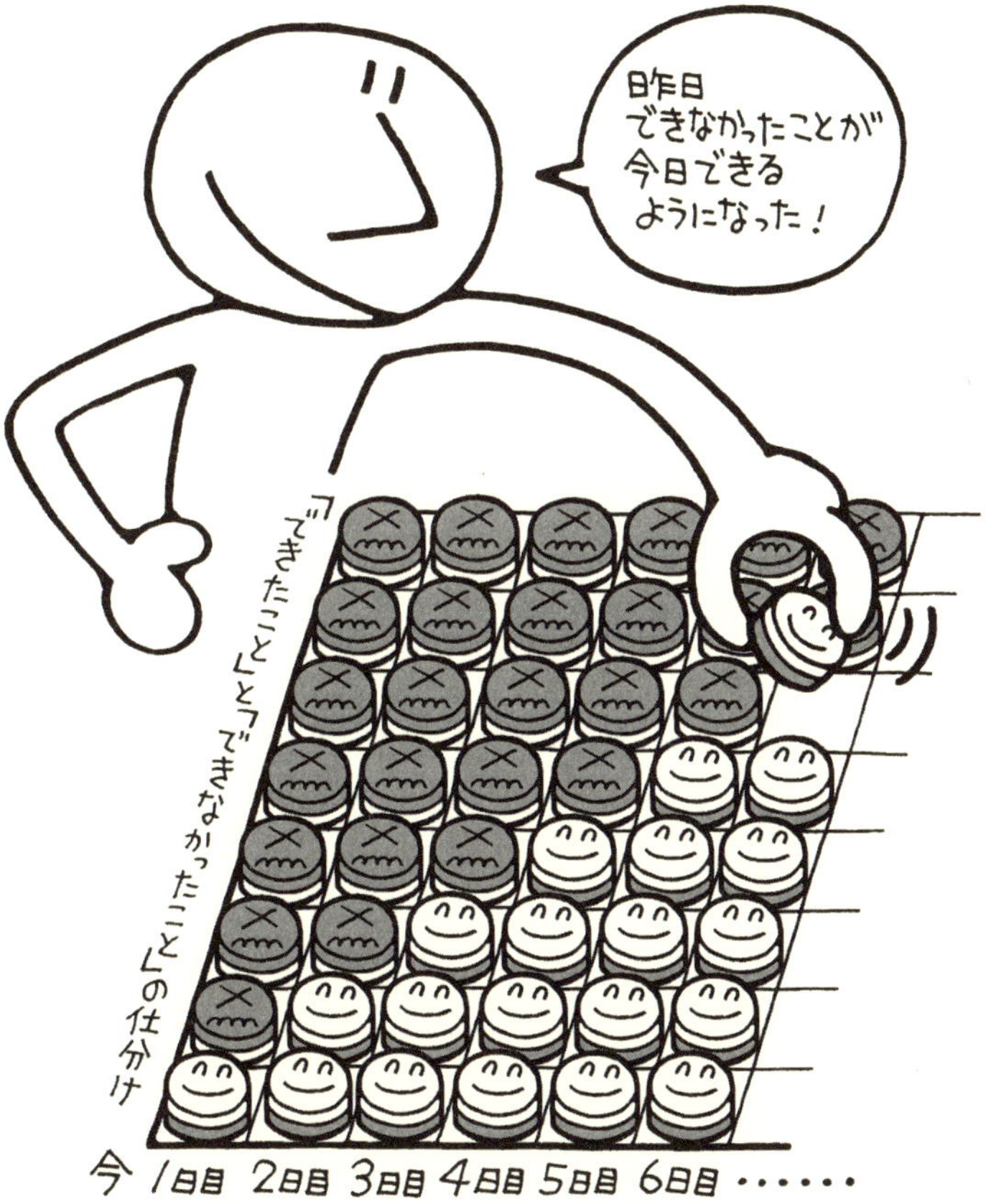

最初は何もできなかった自分が、たとえ1日1個でもいいから「できる自分」に変わっていく。1か月30個、でも1年たてば365個できることが増えている。ちょっと変えたら、大きく変わった！

アップ」の手法を使ってみる。松虫中陸上部では試合当日、全国大会で活躍したシーンばかりを集めた7分半のビデオを繰り返し見せて、勝利のイメージを高め、「心のつぼ」に元気を急速充電していました。会社でもらった賞状や感謝状を家に張ることも大事です。

そうやって24時間365日元気を満たしてくれるものを増やしていけば、やる気がどんどん高まって必ずいい結果につながります。

③ 人生の質を高める

「日誌」には生活の無駄を省く要素もあります。原田塾の「日誌」では帰宅後の生活時間帯をチェックし、家に帰ってから寝るまでの間の時間管理を行います。

一日の終わりに今日必ずやる目標の○×仕分け作業をやって、できなかった項目を洗い出したとき、人は言い訳をしたくなるものです。

「仕事が忙しくて、時間が足りなかった……」

ほんとうにそうでしょうか？　試しに帰宅後の生活時間帯をチェックしてみてください。「おっ、風呂に入りすぎだ」、「テレビの見すぎだなあ」……、5分、10分、15分短縮できる部分が見つかって、すぐに1時間ぐらいの時間はつくれます。

無駄を省けば人生の質が高まります。あなたも、さっそくチェックをはじめてください。

④「心、技、体、生活、その他」で今日一日を評価・検証する

【成功の技術】リーチ4「成功のための自己分析」は、常にコンフォート・ゾーンの上限付近で結果を出せる状態を保つために欠かせない「成功の技術」でした。

原田塾では、「日誌」の中でも毎日の自分の状態を測り、スモールステップで生き方の質を高めていきます。「成功のための自己分析」と同様に、5つの共通観点「心、技、体、生活、その他」にわたり、チェック項目を10個つくり、それぞれ5点満点で評価していくのです。

たとえば、「食事は3食きちんと食べたか?」、「体調は?」といった具合です。

そして、その合計点数、つまり50点満点で何点かを毎日つけてグラフ化していきます。この作業を行うことで何が分かるかというと、合計点数が高いときに試合や試験などここ一番にのぞめば勝つ。合計点数が下がっているときに迎えたら負けるという事実です。良い習慣と悪い習慣の違いが結果を左右することがはっきり分かります。

前にも述べましたが、作為的にコンフォート・ゾーンの上限付近で結果を出せるように

仕向けていくことが、成功の確率を高める一番の方法です。ジェットコースターのように上昇下降を繰り返していたら、いつまでたっても「成功のプロ」にはなれません。「日誌」の中で5点評価して数値化することで、自分がゾーンのどこにいるかがより具体的になり、自分の未来をコントロールできるようになります。10項目のそれぞれが5点になるように生き方の質を高めていけばいいのです。

この技術に熟達していけば、最終的には自分自身でビシッとピーキング（調子を合わせる）できるようになっていきます。そのときには、あなたの人生は浮き沈みの激しいジェットコースター人生から、いつでも最高の結果が出せる安定飛行、「成功のプロ」の人生になっているのです。

⑤　不満や愚痴もいいけれど、最後は明るく前向きに

「日誌」の最後は自由記述です。今日一日に対する自分の意見と反省、また明日への希望を書いてみてください。

今までは、不平、不満、愚痴は「心のつぼ」の元気の量を減らすから、なるべく避けるようにしてきました。「日記」ではなく「日誌」を書く理由のひとつもそこにありました。

しかし、誰でもときには不平、不満、愚痴を言いたくなることもあります。完全に禁止してしまったら、あまりにも型にはめることになってしまいます。そこで自由記述では、不平、不満、愚痴も解禁します。

ただし肝心なことは、最後には今度はうまくやるぞと、明るく前向きにプラス思考とプラスの言葉で終わることです。

これが大事です。一日の最後は失敗を「切り捨て、ネクスト！」で、必ずプラスの気持ちで終わりましょう。

☑第4章のまとめ

□ 成功にリーチする「日誌」とは、毎日の「できたこと」と「できなかったこと」を仕分けし、明日の目標を具体的に立てるとともに、「心のつぼ」を元気で満たすもの。

□ 「日誌」には5つの効用がある。
（1）過去の仕分けと未来へのチャレンジ。
（2）「心のつぼ」に元気を満たす。
（3）人生の質を高める。
（4）「心、技、体、生活、その他」で一日を確認・反省・改善。
（5）失敗を「切り捨て、ネクスト！」。プラスの気持ちで一日を終える。

エピローグ

Achieve
自己実現した別の生き方、人生に到達する
――反復連打で技術を定着させる

《書いてみよう24》まですべての項目を埋めることができましたか？

２週間先の目標設定は、これで一応完了です。〝一応〟と言ったのは、最後にもうひとつやってもらいたい作業があるからです。

まず付録Ⅰの「長期目標設定用紙」を用意してください。これから何度も使う大切な用紙ですから、文字が書きやすいようにA３サイズに拡大コピーしておきます。「長期目標設定用紙」は、目標設定のための究極のツールです。「長期目標設定用紙」を書くことで、目標設定の精度が上がり、準備力が高まります。文字量が増えるのと正比例して意識が高まってきます。全国大会で〝予告優勝〟して日本一になった生徒たちも、全員この用紙を書いて、書いて、書きまくることで結果を出してきました（１８６ページ）。

これから成功に向かってスタートを切るあなたも、何度も何度も書き続けてください。まず記念すべき1枚目の「長期目標設定用紙」を書いてみましょう。と言っても、実はみなさんは《書いてみよう24》が終わったところで、もうほとんど書き上がっている状態にあります。

本書ではそれぞれの項目が持っている意味を正確に理解するために、1つ1つを分解しながら《書いてみよう》のワークとして記入してきたのです。本書の中で〔〇〇〕でくくられている項目は、そのまま「長期目標設定用紙」の項目に当てはまっています。ですから、《書いてみよう》をそのまま書き写しても「長期目標設定用紙」は完成します。

しかし、書き写す際にもう一度、各項目を点検し、まわりの項目と比較をしながら、できるだけ書く内容の精度を高めてみてください。書くことは思考の表れです。本書を最後まで読み終えたあなたは、最初に表紙をめくったときと比べて、気づき力や思考力が高まっています。自ずと書く内容も変わってくるはずです。ここで《書いてみよう》で記入したときよりも精度が上がっていたときには、また少し「成功のプロ」に近づいたと自信を持ってください。

「長期目標設定用紙」は項目を埋めたから完成ではありません。目につくあらゆる場所に

松虫中学校陸上競技部　　大会·目標設定用紙

氏名		今日の日付	7/25（火）	目標達成期日	8/22（火）

競技成績目標

（最高の目標）19M00を投げ中学日本新記録を作る。最優秀選手　砲丸ダブル優勝

（中間の目標）18M38の大会新記録をやぶる。日本一。

（絶対達成できる目標）18M00を投げ全国優勝日本一になる。

目標より得られる利益　優勝する。親・先生・仲間によろこんでいただける。松虫陸上部史上初の優勝となる。史上初の男女砲丸ダブル優勝。日本中から注目される。高校推薦の条件がよくなる。松虫3人目の日本一となるのでより一層自信が増える。

（試合の分析）（成功した試合）	（試合の分析）（失敗した試合）
（心）興奮度が高い。完全な自信があった。自分の世界に入っていた。	（心）リラックスのしすぎ。予定どおり行動ができない。不安があった。
（体）スピードがあり展開がよかった。普通どおりのアップができた。体調が良かった。	（体）自分の気持ちと体がうまくいかない。息が上がっていた。
（技）投てき角度が高かった。体がひらかなかった。足がつかえていた。	（技）投げ急ぎて体が前に突っこんでいた。腰が下がっていた。

予想される問題点

（メンタル）(1)暑くて体がなまると心まで負けてしまう。体がだめなら心でカバーできていない。

（体力）(1)腹筋・背筋が弱い。(2)もう1度・8月に入ってから筋力アップをする。

（技術）(1)シフトのスピードがおそい。(2)投てき角度が低くなる。(3)腰が落ちる (4)体がひらく。

（生活）中学日本新記録を出すための生活態度をとる。

（健康・その他）(1)ケガ・事故に注意する。　(2)腰がたまに痛い時がある。

（問題の解決策）(1)暑さは誰にもコントロールできないので暑くて体が動かなかったら、心を使い今まで教えていただいたことを利用しカバーできるようにする。(体力)(1)腹筋・背筋のトレーニングを負荷を上げてする。(2)これからの体力練習が松虫は本当に大切な練習になるので目標設定、負荷設定を完ぺきにして中身のある練習にする。(技術)(1)梅野先生に指導していただいた事を中心に練習する。(2)意識して投げる部分を決めその事以外の事は気にせず、1つ1つ技術を中心に投げる。(生活)まだまだ自分に甘いのでこれからはすきの無い目標にある生活を取る。(健康・その他)(1)周りの事を良く見て行動をとる。(2)腰は病院に行きマッサージを受ける。腹背のトレーニングプラス、体を冷やさない。

目標達成のためにクラブに対してどのように貢献しますか（具体的な仕事など）
準備あとかたずけ。部長として全員をまとめる。日本一のほこりをもちみんなに感謝のきもちを忘れない。

具体的な行動（優先順位別→できやすい目標から）	期日		期日
（1）私は通信大会のための、サイコフィジカルトレーニングを1日に（1）回・（ねる前）に行う。	8/22	（11）私は今村先生のところに1週間に1回行きマッサージをする	8/22
（2）私は通信大会のために、リラクゼーショントレーニングを1日に（3）回・（朝前夜練）に行う。	8/22	（12）私は整地かたずけを積極的に行う。	8/22
（3）私は通信大会のために、サイキングアップを1日に（2）回・（練習中）に行う。	8/22	（13）私は8/11の奈良の試合で中谷先生の指導をうける。	8/22
（4）私は通信大会のために、セルフトークを1日に（2）回・（朝・夜）に行う。	8/22	（14）私は8/8の近畿で良い記録を出し自信をつける。	8/22
（5）私は通信大会のための向上ルティーンを完成させ、1日に（1）回・（練習中）に行う。	8/22	（15）私は5.4kgの練習を取り入れ、イメージをきたえる。	8/22
（6）私は通信大会のための失敗切り捨てルティーンを完成させ、1日に（1）回・（練習中）に行う。	8/22	（16）私は中谷先生の指導を意識して投げる。	8/21
（7）私はケガをしないために1日10分ストレッチを行う。	8/22	（17）私は先生に言われた事は100%実行にうつす。	8/22
（8）私は試合前の調整計画（3日間用）の練習を計画表（7）のように立て、原田先生に提出する。	8/17	（18）私は、練習を盛り上げ引っぱってIK。	8/22
（9）私は同じ失敗を繰り返さないために毎日日誌を書く。	8/22	（19）私は、スマイルで、勝者の態度で練習する	8/22
（10）私は体調管理を完ぺきにカゼをひかない。	8/22	（20）私は、長崎の競技場で堂々と、自信を持った態度をとる	8/22

決意表明	私は必ず長崎全日中で中学記録で日本一になる。「日本一」「全国優勝」
セルフトークの言葉	「日本一は俺のもの」「絶対負けない、勝つぞ」「一発やってやる」「まってれ日本一」

（向上ルティーン）（秒数も）
(1)ストレッチ、(2)息を大きく1回はく、(3)サークルで目標タイム点集中・セルフトーク
(4)投げます「はい」、サイキングアップ　16〜18秒

（失敗切り捨てルティーン）（秒数も）
(1)タオルにマイナス思考を書く、(2)上を向いて勝者の態度、(3)大きく呼吸　10秒

「長期目標設定用紙」実例①（※実例②は付録参照）

張って毎日見ながら、必ず何度も更新作業を行ってください。

そして2週間先の目標設定を3〜4回、1か月先の目標設定を3〜4回、3か月先の目標設定を数回と、目標達成までの期間を延ばしながら、「長期目標設定用紙」を何枚も何枚も書いていきます。「長期目標設定用紙」は、書くたびに次第に内容にボリュームが出てきます。目標設定を繰り返すことで自分への気づき力が高まり、文字量が飛躍的に増えるからです。

書いて、書いて、書きまくり、やって、やって、やって、やり切る。この反復連打によって、目標設定の精度は上がり、はじめて「成功の技術」はあなた自身のものとして定着していきます。そして、書いてやり切る、書いてやり切るの反復連打はそのまま、成功にリーチし続ける上昇（常勝）スパイラルに変わるのです。

――前進あるのみ！　さらなる成功へのリーチを目指す

成功へリーチし続ける上昇（常勝）スパイラルを、もう一度整理します。

①大きな夢を描く。（Dream）
②夢を具体的な目標に変える。（Goal）
③目標達成のための方法を考え、「これでやれる」という自分への期待感を高めて、やる気にスイッチON！（Plan&Check）
④できることの継続とやり切りで心を強くする。（Do）
⑤考察と手入れで心を整理する。（See）
⑥培った自分の強み（コンピテンシー）を広め、周囲から認められる。そして自信を持つ。（Share）
⑦そして、自己実現した別の生き方、人生に到達する。（Achieve）

こうして人生のステージを1つのぼったら、間髪を入れず、さらに大きな夢、高い目標

人生は成功するためにある。
上昇(常勝)スパイラルに乗って、さらなる高みへ!

Achieve
Dream
Share
See
Do
Plan & Check
Goal
Dream
See
Do
Plan & Check
Goal
Dream
①大きな夢を描く。
②夢を具体的な目標に変える。
③目標達成のための方法を考え、「これでやれる」という自分への期待感を高めて、やる気にスイッチON!
④できることの継続とやり切りで心を強くする。
⑤考察と手入れで心を整理する。
⑥自分の強み(コンピテンシー)を広め、認められる。そして自信を持つ。
⑦自己実現した別の生き方、人生に到達する。

に向かって新たな上昇（常勝）スパイラルをのぼって行ってください。

本書の冒頭に、私が尊敬してやまない吉田松陰先生の言葉を掲げました。先生は、一日一日積み重ねることの大切さを「日に進み、月に漸《すす》み」と言い、最後まで自分の行動に責任を持つことが肝心だということを「遂に死すとも悔ゆるな」と言っています。成功のための原則は今も昔も変わることがないのです。

前進あるのみ！　夢に終わりはありません。

たった1枚の用紙を書きはじめることで、人間は大きく変わることができます。小さな事の積み重ねが、大きな成功につながります。

「ちょっと変えたら、大きく変わった！」

「タイミング・イズ・マネー！　変わるのは今や！」

さあ、今この瞬間から、大きな夢に向かって力強く歩き出しましょう。

最後まであきらめずに、自分を成功にリーチさせてください。

本書を手に取られたあなたが「輝かしい成功」をおさめられますことを祈念しています。

ともに頑張りましょう！

最後になりましたが、本書を出版するにあたり、経営者として、人生の先輩として尊敬しております株式会社ファーストリテイリング代表取締役会長兼CEOの柳井正様には甚大なるご支援をいただきましたことを感謝いたしております。

また、小学館の藤田健彦氏、東夷舎の田端広英氏のご尽力にも深く感謝しております。

ありがとうございました。

最後にもう一度、

ネバー・ネバー・ネバー・ネバー・ネバー・ネバー・ギブアップ!

2005年2月　原田隆史

●日本一のプロフィール
原田隆史（はらだ・たかし）

生活指導の神様
スポーツ指導日本一

1960年大阪生まれ。奈良教育大学卒業後、大阪市立中学校教師として20年間勤務。その間、クラブ指導、体育指導、生活指導に力をつくす。独自の指導理論を構築し、荒れた学校を立て直してきた実績から「生活指導の神様」と呼ばれる。また最後の勤務校となった松虫中学校で、7年間に13回の陸上日本一を達成し、その驚異的指導方法から「カリスマ体育教師」とも呼ばれるようになる。現在は、天理大学人間学部講師として教職志望者への指導を行うほか、教師塾でエクセレント教師の育成、企業人塾で人財育成、スポーツ選手のメンタルコーチなど八面六臂の活躍中。

[ホームページ] http://www.haradatakashi.jp/

成功の教科書——熱血！ 原田塾のすべて

2005年 3月20日 初版第1刷発行
2005年 4月10日 初版第2刷発行

著　者　原田隆史
発行者　宮木立雄
発行所　株式会社　小学館
〒101-8001　東京都千代田区一ツ橋2-3-1
電話／編集　03(3230)5632
制作　03(5281)3221
販売　03(5281)3555
振替／00180-1-200
印刷所　文唱堂印刷　株式会社
製本所　株式会社　若林製本工場

Printed in Japan
ISBN 4-09-837661-X

装幀／竹蔵明弘（パイン）イラストレーション／芝野公二　写真／五十嵐美弥（小学館）
編集協力／オフィス原田、田端広英（東夷舎）　編集／藤田健彦（小学館）

切り取り線